A VIOLÊNCIA REVOLUCIONÁRIA EM HANNAH ARENDT E HERBERT MARCUSE

FUNDAÇÃO EDITORA DA UNESP

Presidente do Conselho Curador
Herman Jacobus Cornelis Voorwald

Diretor-Presidente
José Castilho Marques Neto

Editor-Executivo
Jézio Hernani Bomfim Gutierre

Conselho Editorial Acadêmico
Alberto Tsuyoshi Ikeda
Áureo Busetto
Célia Aparecida Ferreira Tolentino
Eda Maria Góes
Elisabete Maniglia
Elisabeth Criscuolo Urbinati
Ildeberto Muniz de Almeida
Maria de Lourdes Ortiz Gandini Baldan
Nilson Ghirardello
Vicente Pleitez

Editores-Assistentes
Anderson Nobara
Henrique Zanardi
Jorge Pereira Filho

MARIA RIBEIRO DO VALLE

A VIOLÊNCIA REVOLUCIONÁRIA EM HANNAH ARENDT E HERBERT MARCUSE

Raízes e polarizações

© 2005 Editora UNESP

Direitos de publicação reservados à:

Fundação Editora da UNESP (FEU)
Praça da Sé, 108
01001-900 – São Paulo – SP
Tel.: (0xx11) 3242-7171
Fax: (0xx11) 3242-7172
www.editoraunesp.com.br
www.livrariaunesp.com.br
feu@editora.unesp.br

CIP – Brasil. Catalogação na fonte
Sindicato Nacional dos Editores de Livros, RJ

V273v

Valle, Maria Ribeiro do, 1968-

A violência revolucionária em Hannah Arendt e Herbert Marcuse: raízes e polarizações / Maria Ribeiro do Valle. – São Paulo: Editora UNESP, 2005.

Inclui bibliografia.
ISBN 85-7139-613-2

1. Arendt, Hannah, 1906-1975. 2. Marcuse, Herbert, 1898-1979. 3. Revoluções. 4. Violência política. 5. Violência – Aspectos sociais. 6. Movimentos sociais. I. Título.

05-2358
CDD 322.44
CDU 323.272

Este livro é publicado pelo projeto *Edição de Textos de Docentes e Pós-Graduados da UNESP* – Pró-Reitoria de Pós-Graduação e Pesquisa da UNESP (PROPP) / Fundação Editora da UNESP (FEU)

Editora afiliada:

Asociación de Editoriales Universitarias
de América Latina y el Caribe

Associação Brasileira de
Editoras Universitárias

Ao meu filho, Marcelo.

AGRADECIMENTOS

À Patrizia Piozzi pela extrema seriedade intelectual e pelo zelo terno e constante, principalmente, nas horas mais difíceis deste trabalho, momentos em que parece que o mais tranquilo é deixar as "agruras" das atividades acadêmicas para trás. Durante estes últimos sete anos, Patrizia tem acompanhado, de perto, meu trabalho, resistindo às ferrenhas iniciativas políticas de "pasteurização" da pesquisa universitária. A você, Patrizia, com toda admiração.

Aos professores Roberto Romano e Reginaldo Côrrea pelas sugestões significativas e instigantes para o desenvolvimento da pesquisa, no exame de qualificação.

Ao Cláudio, que foi quem primeiro me mostrou os caminhos da pesquisa científica, ainda na graduação, e até hoje é uma das mais fortes referências que tenho para a obstinação na vida intelectual. Receba meu carinho e amizade.

À Fundação de Amparo à Pesquisa do Estado de São Paulo (Fapesp) pelo financiamento da pesquisa durante os quatro anos do doutorado. E à Faculdade de Educação da Unicamp.

Aos amigos do "lado esquerdo do peito": Geni, Rosa, Cristina, Lauro, Jôse, Carlos, Helena, Ivani, Marcela, Lik, Alaíde, Carminha, Henrique, Maurício, João Furtado, Manduca e Silmara. Com vocês é possível acreditar que, como aprendi com meu pai, "o coração não conhece datas", estando sempre pronto para o aconchego.

À imagem gostosa deixada por meu pai que continua a embalar o meu sonho de fazer do aprendizado um exercício cotidiano do eterno (re)descobrir.

À minha mãe que sempre fica na torcida: com ternura e gratidão.

À Nena e ao Marinho, sem os quais não teria condição alguma de levar este trabalho a cabo. O plantão permanente e o amor "exagerado" ao Marcelo foram fundamentais para que eu pudesse, de uma forma bastante tranquila, dividir com eles a minha "tarefa" de mãe.

À Sirlene e à Lia que, com toda paciência e afeto, também cuidaram do Marcelo.

Aos meus irmãos: Paulo, por sua presença paterna; Eduardo, por ser sempre o "confidente"; Emmanuel, por sua permanente proteção; João de Almeida, por me ensinar que "se algo ainda não deu certo é porque não chegou ao fim". Às minhas irmãs-mães: Nena, Bella e Rita. Cada uma, a seu modo, me desperta para o lado mais afetivo da vida. À minha sobrinha-irmã, Marina, com um abraço muito caprichado. À Elisa pelo amor que, juntas, temos conquistado. Aos meus cunhados e aos meus dezessete sobrinhos que completam esta deliciosa e "grande família".

Finalmente e, de maneira toda especial, ao Rogério, que "me acalma e acolhe a alma". Amo você.

SUMÁRIO

Prefácio   11

Introdução   15

Parte I
Raízes

1   A tradição hegeliano-marxista e a violência
revolucionária   25

2   Tocqueville: a crítica à Revolução Francesa e a defesa
da democracia na América   53

Parte II
Polarizações

3   Herbert Marcuse: em nome da tradição
hegeliano-marxista   75

4   Herbert Marcuse: a defesa da violência revolucionária
nos anos de 1960   103

5 Hannah Arendt: a recusa da leitura hegeliano-marxista sobre as grandes revoluções   127

6 Hannah Arendt: em nome da lei – o repúdio à violência revolucionária nos anos de 1960   137

Considerações finais   169

Referências bibliográficas   181

PREFÁCIO

Este livro de Maria Ribeiro do Valle, que aborda o debate teórico sobre a violência revolucionária nos anos de 1960, suas raízes e polarizações, pode parecer deslocado ou fora de época dentro do contexto contemporâneo marcado pelo domínio quase absoluto da ideologia neoliberal. Faz parte da visão de mundo burguesa a afirmação de que o capitalismo corresponde à natureza humana e que não poderá ser substituído por nenhuma outra forma de vida social. Refletir sobre a possibilidade da transformação revolucionária da sociedade capitalista e o papel da violência dentro do processo revolucionário seria perda de tempo, pois a história humana já alcançou o grau máximo de desenvolvimento possível. No entanto, se nos distanciarmos da ideologia burguesa, seremos capazes de perceber que a burguesia se comporta como um aprendiz de feiticeiro, procurando controlar forças que ela mesma desencadeou.

Até o aparecimento da sociedade capitalista, a temporalidade era vista de forma cíclica, subordinada ao ritmo da natureza e das intervenções divinas. A burguesia rompe com essa concepção, afirmando o ser humano como criador da vida social e estabelecendo uma nova maneira de se encarar o tempo: ele passa a ser visto como um processo caracterizado pela presença de rupturas entre o passado e o presente. Essas rupturas podem ser parciais, promovendo reformas em dimensões específicas da vida social, ou podem ser totais, com a criação revolucionária de uma nova sociedade. A partir do momento em que se consolidou a transformação revolucionária da sociedade feudal promovida pela burguesia, e quando ela passou a se sentir ameaçada pela presença dos trabalhadores como uma nova classe social capaz de transformar a realidade, abandonou a concepção histórica criada por si própria, passando a afirmar a existência de uma natureza humana imutável.

No entanto, o abandono pela burguesia do entendimento de que a revolução é uma possibilidade sempre existente não significou o retorno da concepção cíclica, mas a negação da própria ideia de temporalidade. A ideologia burguesa contemporânea, cuja expressão máxima é o pós-modernismo, é marcada pela valorização da fragmentação: passado e presente não são mais comparáveis, o passado é considerado desprovido de sentido perante a um presente vivido como se fosse eterno. Não seria mais possível a indagação a respeito da possibilidade de o presente ser uma ruptura revolucionária diante do passado, ser qualitativamente diferente do passado. O passado existe, apenas, como uma manifestação exótica, que não nos diz respeito, à qual não nos sentimos vinculados, que não nos afeta.

Não é de se estranhar a presença no cenário cultural contemporâneo de uma tendência para a indistinção entre a abordagem historiográfica e a abordagem ficcional do passado. Se um autor de *best-sellers*, como Jô Soares, produz romances históricos, cada vez mais os historiadores procuram se adequar às demandas do mercado editorial e produzem textos "saborosos" capazes de entreter os leitores, mas nem sempre voltados para um questionamento do presente. No contexto ideológico contemporâneo, o passado só faz sentido como diversão, não interessando muito se existiu ou não, como na saga do *Senhor dos Anéis*. A década de 1960 até pode ser abordada por produtos culturais (revistas, livros, filmes, peças de teatro etc.) desde que seja mostrada como algo que não faz sentido hoje.

Evidentemente, o livro de Maria Ribeiro do Valle nada tem a ver com a produção cultural pós-moderna. A década de 1960 é analisada como um momento específico, mas que só pode ser compreendido se for situado no contexto do processo histórico da sociedade capitalista. Opondo-se à recusa pós-moderna das grandes narrativas, Maria Ribeiro do Valle demonstra que o debate teórico sobre a violência revolucionária está profundamente enraizado nesta sociedade. Como já foi apontado pelo historiador Eric Hobsbawm, a burguesia inaugurou a era das revoluções. A sua transformação em classe politicamente dominante foi sempre acompanhada de conflitos sociais violentos que ela incentivou ou reprimiu. A investigação do debate teórico dos anos de 1960 não pode ser feita sem uma abordagem das duas principais tradições interpretativas da violência revolucionária: a liberal-conservadora e a hegeliana-marxista. O que caracteriza essas tradições é um debate sobre a relação estado/ sociedade e o significado da política e da ação coletiva.

Para a tradição liberal-conservadora, a questão social, a luta das classes trabalhadoras pela melhoria das suas condições de existência, é uma ameaça à ordem política voltada para a garantia das liberdades individuais. Para os autores que se filiam a esta corrente de pensamento, como Tocqueville e Hannah Arendt, há uma oposição entre o social e o individual, a revolução francesa é vista como um exemplo negativo e a revolução americana, como um exemplo positivo. O neoliberalismo representa a continuidade da tradição liberal-conservadora, as fórmulas ideológicas contemporâneas de afirmação da "responsabilidade social" das empresas, de valorização das organizações do "terceiro setor", representa uma atualização da recusa do reconhecimento da dimensão pública, política, da questão social. Com o desmantelamento do "estado do bem-estar social", política de compromisso entre a burguesia e as classes trabalhadoras em virtude do avanço das lutas sociais e do socialismo, a burguesia volta à sua postura tradicional.

A tradição hegeliano-marxista afirma que a questão social é a principal questão política e defende a possibilidade de uma conciliação entre a dimensão individual e a dimensão universal dos seres humanos. A leitura minuciosa feita por Maria Ribeiro do Valle, de textos de Hegel, Marx e Marcuse, mostra a atualidade desses autores como referência incontornável para a crítica da hegemonia ideológica neoliberal. É particularmente importante a retomada de um autor como Marcuse, que na década de 1960 chamava atenção para a existência do homem unidimensional, incapaz de perceber, em razão da submissão à ideologia dominante, a dimensão contraditória da vida social e a possibilidade de transformações revolucionárias.

A análise das posições assumidas por Hannah Arendt nessa década permite um conhecimento de um lado desta autora relegado ao esquecimento, o da sua intervenção política numa conjunta marcada pela polarização entre a tradição liberal-conservadora e a tradição hegeliano-marxista. Se Marcuse foi um autor intensamente divulgado nos anos de 1960 e hoje sofre um certo ostracismo, Hannah Arendt se mantém, então, como uma autora valorizada em diferentes áreas das ciências humanas. Esta situação faz parte do refluxo da "onda revolucionária" dos anos de 1960. O pensamento de Arendt é um dos principais elementos da reconstrução da hegemonia burguesa em escala mundial. Sua assimilação por teóricos e militantes políticos "de esquerda" evidencia o abandono da disputa pela hegemonia e a autodissolução da "esquerda" como uma corrente teórica e política autônoma. A trajetória de partidos como o Partido Comunista Italiano ou o Partido dos Trabalhadores no Brasil ilustra a adesão dos setores majoritários da esquerda mundial ao neoliberalismo.

No entanto, apesar da avassaladora hegemonia ideológica neoliberal, a questão social persiste como uma questão que não pode ser resolvida dentro dos marcos da sociedade capitalista. A possibilidade de uma transformação revolucionária retomará inevitavelmente. O livro de Maria Ribeiro do Valle nos deixa mais bem preparados para este momento.

Cláudio Coelho

Introdução

O debate

Os movimentos de protesto da década de 1960 irrompem como um acontecimento explosivo. O norte é a revolução. Há a conjunção entre as teses e as práticas revolucionárias. A morte de Che em 1967, apesar dos "revezes" da guerrilha latino-americana, faz ressurgir, com intensidade, o interesse por suas análises sobre as estratégias da revolução na América Latina (Reis Filho & Moraes, 1988, p.33-4). O foco guerrilheiro — a luta armada —, diante da ascensão da ditadura, surge como alternativa à via pacífica e à legalidade constitucional propagadas pelos partidos comunistas. A guerra do Vietnã inspira a possibilidade da mudança na correlação de forças a partir da participação do povo no embate com a maior potência mundial, numa "guerra justa" contra o imperialismo norte-americano — cuja intervenção, no sudeste asiático, atinge seu ponto máximo em 1968.

Por outro lado, a "revolução cultural" (ibidem, p.43-4), iniciada na segunda metade dos anos de 1960, embora já perdesse o fôlego em 1968, continua sendo acalentada pelos estudantes na China. As propostas de Mao, que parecem retomar as teses marxistas originais, são consideradas seu motor. Em um contexto de lutas anti-imperialistas e populares, bem como de crise dos partidos políticos ocidentais, a prática revolucionária defendida por Mao – conhecida como linha de massas – faz parte dos debates e ações da esquerda estudantil favorável à ampla participação das massas na luta militar (Martins Filho, 1987, p.188-91).

A opção das organizações estudantis pela violência revolucionária está vinculada à retomada das grandes teorias anticapitalistas do século XIX, principalmente a marxista. A destruição do "sistema capitalista, violento e injusto", só pode ocorrer com a utilização da violência, "arma fundamental para que tenha fim toda sorte de violências".[1] A revolta da juventude irrompe carregando a bandeira da "ruptura". As formas de luta adotadas pelo movimento estudantil, no entanto, articulam-se com as experiências e proposições revolucionárias internacionais, em especial o "guevarismo" e o "maoismo".

O movimento estudantil (ME) atinge diretamente a estrutura das universidades. É uma contestação que busca rupturas, não deixando espaço para as negociações. Professores e filósofos participam do protesto e, ao mesmo tempo, buscam explicar seu surgimento: suas reflexões, em um contexto explosivo, denotam as opções políticas de cada um. Se, por um lado, Guevara e Mao – ligados diretamente à "prática revolucionária" – encontram-se em evidência, os intelectuais, por sua vez, também buscam entender o "papel da violência na história", em um contexto em que sua emergência passa a ser central.

Nos depoimentos de Marcuse, atuante nos movimentos de oposição dos Estados Unidos e da Alemanha, é enfatizado o importante papel do ME e dos intelectuais como uma força potencialmente revolucionária, desde que em contato com aquelas intrinsecamente vinculadas à realidade objetiva (cf. Marcuse, 1969, p.24;51). A oposição, que tem como meta "o desenvolvimento histórico da liberda-

---

1 Os autores do século XIX – como Marx, Engels e Sorel – que abordam especificamente a violência revolucionária são, portanto, retomados nos anos de 1960. Tais autores, embora com enfoques bastante diversos, concebem a violência como um meio de libertação e, portanto, necessária à construção de uma nova sociedade (ver, dentre outros, Engels, 1990; Sorel, 1992).

de", desde seu surgimento, está no terreno da violência, uma vez que o princípio da não violência na sociedade industrial avançada apenas reproduz a violência institucionalizada da ordem existente (ibidem, p.60). Essas reflexões ocorrem no calor da hora, quando suas opções teóricas vêm à tona na tentativa de explicar a emergência dos choques estudantis em 1967.

A importância da polêmica em torno da violência, que polariza também os intelectuais, pode ser percebida pelo fato de que, uma vez cessados os conflitos, ela permanece central nas reflexões filosóficas. Hannah Arendt, no início da década de 1970, a partir da análise das práticas do movimento estudantil nos EUA e do posicionamento da Nova Esquerda, critica os que defendem a violência como arma revolucionária. Tal instrumento, de seu ponto de vista, é capaz de destruir o poder, mas não pode criá-lo, deixando atrás de si um mundo mais violento. Ela apenas considera positivas as conquistas democráticas do ME, opondo-se de forma cabal a sua radicalização violenta (Arendt, 1999b, p.91-156).

Em nosso estudo anterior,[2] analisamos o combate entre o ME e a ditadura militar no Brasil, no qual a violência emerge no discurso e na ação, ganha visibilidade na imprensa e interfere no posicionamento diverso dos atores que, num mesmo movimento, repercute no desenrolar dos acontecimentos de 1968. As diferentes representações da violência, bem como sua própria dinâmica imprevisível, contribuíram para o desfecho do "diálogo" entre o ME e a ditadura militar.

Neste trabalho fomos em busca do mesmo movimento, "diálogo" ou "violência", no plano teórico, suscitado pelos protestos dos anos de 1960, por meio das diferentes concepções filosóficas e políticas sobre a tematização da violência por Hannah Arendt e Herbert Marcuse. Enquanto este último aparece, quer nos periódicos estudantis, quer na fala de intelectuais, como teórico e militante desse período, defendendo a violência revolucionária, Arendt posicio-

---

2 Este trabalho, desenvolvido como dissertação de mestrado, foi publicado em 1999 (Valle, 1999).

na-se contrariamente a tal prática, mostrando-se a favor do diálogo e de persuasão como as únicas formas de ação política, até mesmo em um momento de contestação internacional dos regimes políticos e dos sistemas ideológicos existentes. Com base em suas perspectivas conjunturais, esses autores, apesar de não serem angulares de correntes filosóficas, têm uma reflexão sobre o mundo contemporâneo e os seus possíveis rumos, algo candente hoje. Por meio de suas cruciais divergências, buscamos nas teorias anticapitalistas do século XIX, particularmente a marxista, subsídios para o aprofundamento teórico da questão da violência "revolucionária".

A necessidade ou não da utilização da violência para a transformação da sociedade emerge, assim, como o grande divisor de águas dos "pontos de vista" de Arendt e Marcuse. É possível detectar profundas divergências tanto em relação à retomada e interpretação das utopias anticapitalistas do século XIX como ao diagnóstico que elaboram da conjuntura dos anos de 1960. Quais as leituras que estão sendo feitas de Marx? Qual a concepção política de cada um desses intelectuais? Como, ao abordarem a mesma conjuntura, assumem em relação a ela diagnósticos tão diversos? Como explicar a retomada das utopias anticapitalistas do século XIX, ou para "recolocá-las na história", ou para desconsiderá-las em virtude do "anacronismo" de suas categorias?

As partes

Na primeira parte, intitulada "Raízes", buscamos os fundamentos epistemológicos das reflexões de Herbert Marcuse e Hannah Arendt sobre a violência revolucionária, construindo paralelos e contrapontos entre os ideários políticos de Tocqueville, Hegel e Marx. A análise de algumas obras nucleares desses pensadores propicia a investigação de temas centrais, como a relação entre a "questão social" e os movimentos e instituições políticos, o papel da violência e do planejamento racional nas revoluções modernas, a natureza do Estado gerado no bojo das grandes transformações dos séculos XVIII e XIX, permitindo a reconstrução dos postulados filosóficos que inspiram as ideias de Marcuse e Arendt sobre a contestação estudantil nos anos de 1960.

A primeira parte é composta de dois capítulos. O primeiro focaliza as interpretações de Hegel e de Marx sobre a questão social, os quais, ao inseri-la na esfera política, remetem diretamente à construção do conceito universal de homem e de uma filosofia da história que admite a necessidade da transformação social e da utilização da violência para tanto. Esses postulados centrais da tradição hegeliano-marxista permitem tanto identificar as raízes do pensamento de Marcuse nos anos de 1960 quanto alinhavar um contraponto fundamental com a tradição enaltecida por Arendt.

No segundo capítulo, identificamos a forte influência de Tocqueville no ideário político de Arendt, em razão da estreita semelhança entre as interpretações sobre a história das revoluções desses dois autores. O reconhecimento explícito de Tocqueville como um guia intelectual, por Arendt, comprova-se na condenação da entrada das massas populares na Revolução Francesa, acusando-as de levar a violência para a política e de solapar os fundamentos da liberdade, assim como no enaltecimento da experiência americana por ter conseguido manter a questão social fora da esfera pública.

Merece destaque também, nesse tópico, a concepção de política advinda da tradição grega, por considerar a política como a esfera da excelência, dela excluindo a participação de todos aqueles que pertencem ao reino da necessidade. Dessa forma, pudemos delimitar os fundamentos filosóficos que permitem a análise do posicionamento político e teórico de Arendt contrário à violência revolucionária nos anos de 1960, como também a da sua oposição à tradição hegeliano-marxista.

Na segunda parte, denominada "Polarizações", enfrentamos os diversos posicionamentos teóricos e políticos de Arendt e Marcuse ante a violência revolucionária nos anos de 1960. Esta parte divide-se em quatro capítulos. O primeiro trata dos argumentos teóricos de Marcuse em defesa da violência revolucionária. Examinamos inicialmente a incorporação/refutação das teses de Freud sobre o papel da razão e dos instintos no soerguimento da vida civilizada em seu livro *Eros e Civilização* (1. ed. 1955), no qual o frankfurtiano, ao questionar a identificação "de civilização com repressão", afirma que os próprios pressupostos freudianos utilizados para essa constatação podem oferecer suporte teórico para sua rejeição, desde que entendidos a partir de seu conteúdo sócio-histórico. Em seguida, enfatiza as instâncias que, a seu ver, permitem brechas para a existência de uma "cultura não repressiva". Já no seu livro *A Ideologia da Sociedade Industrial* (1. ed. 1964), com base em uma alusão direta e enfática aos pressupostos hegeliano-marxistas, evidenciados na teoria da história e na concepção de trabalho e cultura modernos, Marcuse traz para o centro de sua reflexão a possibilidade da "revolução" contra o capitalismo tardio. A crença na sua consolidação, no entanto, oscila em cada um de seus livros, embora a perspectiva da conjunção entre teoria e prática nunca se eclipse completamente.

Baseados na análise desses textos de Marcuse, pudemos identificar o diagnóstico neles elaborado, seja dos sofisticados mecanismos de domínio econômico e cultural operantes nas sociedades contemporâneas seja das formas de resistência geradas nas conjunturas de crise. Buscamos, dessa forma, captar o movimento e as "mutações" de um pensamento engajado em decifrar o presente na perspectiva de sua transcendência, identificando e discutindo os vários aspectos de sua "oscilação" entre o pessimismo diante do fechamento das possibilidades históricas, dominantes nas teses de 1964, e a retomada, nos trabalhos sobre os eventos dos anos de 1960, do projeto traçado em 1955.

O segundo capítulo da parte 2 relaciona os argumentos teóricos e o posicionamento político de Marcuse, sob a influência da "conjuntura revolucionária" ascendente nos anos de 1960, pois, embora seus diagnósticos e concepções sobre a "sociedade unidimensional", elaborados em *A Ideologia da Sociedade Industrial*, continuem presentes, a eclosão das lutas de oposição ao neocolonialismo e da revolta da juventude contribui decisivamente para que ele abandone o "pessimismo" e passe a vislumbrar a possibilidade de ruptura com essa sociedade, crença ausente em seu livro de 1964.

A VIOLÊNCIA REVOLUCIONÁRIA EM HANNAH ARENDT E HERBERT MARCUSE 21

Identificamos em seus escritos, a partir fundamentalmente do "Prefácio Político de 1966"[3] e dos livros *O Fim da Utopia* e, posteriormente, *Contrarrevolução e Revolta*, a retomada da teoria marxista, de cujos pressupostos básicos o autor continua reconhecendo a validade. Portanto, nossa discussão está pautada, fundamentalmente, na análise da conjuntura elaborada por Marcuse e na defesa da atualização do marxismo em um momento histórico no qual emergem os supostos "novos sujeitos" da transformação social, recolocando a necessidade da violência revolucionária. Delimitamos assim sua argumentação teórica em torno da "desobediência civil", da diferença entre "violência da agressão" (a violência legítima da ordem constituída) e da "violência da libertação" (violência ilegal); enfim, da violência tematizada com base na perspectiva da revolução.

Assim, partindo dos escritos marcuseanos nascidos da experiência contestatória dos anos de 1960, em que se configura uma nova concepção de revolução social em contraste com o "pessimismo" anterior, reconstruímos os seus argumentos em favor da legitimidade ética e política da violência transformadora.

No terceiro capítulo da parte 2, buscamos investigar de que forma Arendt tematiza a história das revoluções em contraposição à filosofia da história de Hegel, a qual, a seu ver, encontra desdobramentos em Marx, acusado de circunscrever definitivamente as revoluções à influência da Revolução Francesa e ao predomínio da "questão social". Esse texto traz a obra da filósofa alemã, *Da Revolução*, para o centro do debate e identifica nas demais − *Entre o Passado e o Futuro* e *A Condição Humana* − a argumentação teórica que permite o exame da sua crítica à tradição hegeliano-marxista, começando da leitura sobre a história das grandes revoluções. Discutimos aqui as raízes teóricas da reflexão de Arendt em torno das revoluções modernas, em cujo bojo geraram-se os projetos e experiências de democracia em debate no mundo contemporâneo. A concepção segundo a qual a Revolução Francesa significa a "invasão do domínio

---

3   Este prefácio foi escrito para a edição de 1966 de seu livro *Eros e Civilização*.

público pela necessidade" fornece o lastro histórico para o contraponto com as interpretações hegeliano-marxistas.

No quarto capítulo da parte 2, a partir do ensaio *Sobre a Violência*, de Hannah Arendt, e de seu livro *Da Revolução*, buscamos investigar as teses por ela desenvolvidas na conjuntura política dos anos de 1960, argumentando contra as ideias do marxismo clássico sobre a violência e, sobretudo, contra os teóricos contemporâneos dela que se colocam em linha de continuidade com tais teses. Identificamos aqui os pressupostos teóricos de Arendt que, ao posicionar-se contrariamente ao ME e aos movimentos de libertação colonial, lhes nega qualquer potencialidade transformadora.

PARTE I

RAÍZES

1
A TRADIÇÃO HEGELIANO-MARXISTA E A VIOLÊNCIA REVOLUCIONÁRIA

Hegel e a emergência da questão social

A filosofia de Hegel traz a questão social para o centro do pensamento, mediante a incorporação ativa, e não apenas formal, dos "direitos materiais" ao âmbito do poder político. O progresso decisivo na história da humanidade passa a ser visto como a realização da liberdade, a partir do reconhecimento da qualidade universal de homem, em contraposição à visão particularista que vincula os direitos àqueles indivíduos que se encontram numa situação particular, expressa fundamentalmente pela propriedade privada.

Enquanto Marcuse filia-se a essa concepção de homem e de liberdade que, mesmo fazendo parte do campo político, está vinculada intrinsecamente às esferas econômica e social, Arendt recupera a experiência política da *polis* como sendo, esta sim, o único universo em que pode existir o homem *qua* homem e a liberdade.

Na tradição liberal, a miséria envolve o "demérito individual", a "falta de sorte" e "o acaso", "a ordem natural" e "até providencial das coisas". As relações econômico-sociais nunca são colocadas em questão, mas, pelo contrário, são rechaçadas as "teorias econômicas e políticas" que afirmam ser a miséria humana produto da história da humanidade.

Ao contrário, para Hegel, a "miséria configura-se ... como uma questão social, que não se explica simplesmente com a suposta indolência ou com outras características do indivíduo que está na miséria" (Losurdo, 1997, p.206-7). E, portanto, a indigência não pode ser considerada uma "desgraça" ou "calamidade natural", sendo concebida por Hegel como uma forma de injustiça cometida pelo predomínio da particularidade dos interesses de uma classe em detrimento dos de outra, uma vez que em "... suas oposições e complicações oferece a sociedade civil o espetáculo da devassidão bem como o da corrupção e da miséria (§185)" (Hegel, 1997c, p.169). Assim, ao discorrer sobre a "carência social", ele mostra que esta está, na sociedade industrial, intrinsecamente vinculada ao luxo, responsável simultaneamente pelo aumento sem limites da fruição e da indigência (ibidem, p.176-7 [§195]).

Ao reconhecer que as contradições são inerentes à sociedade moderna, Hegel argumenta em favor da necessidade de um Estado forte[1] que, ao interferir nas esferas econômica e social, tem por função reduzir as diferenças entre as classes para solucionar a crescente desigualdade social.[2] Ele procura relacionar o ordenamento jurídico e social ao "direito do trabalho" e ao "direito à vida" (os chamados "direitos materiais"), explicitando que a situação de extrema necessidade anula a realização da liberdade por exprimir uma total ausência de direitos. Portanto, a "liberdade-segurança" da propriedade e da esfera individual, sem a garantia das condições mínimas de igual-

---

1 Losurdo aborda a questão do estado em Hegel como garantia do bem-estar dos indivíduos em contraposição às leis de mercado que sacralizam as relações de propriedade (ver Losurdo, 1997, p.106).

2 Marcuse analisa tal argumentação na seguinte citação: "Hegel tem em mira o aparecimento de imensa população industrial e recapitula as contradições inconciliáveis da sociedade civil ao afirmar que 'esta sociedade, no excesso da sua riqueza, não é rica bastante ... para reduzir o excesso de pobreza e o aumento de pobres'. (82) ... Todas as organizações da sociedade civil serviam 'à proteção da propriedade', (83) e a liberdade daquela significava apenas o 'direito de propriedade'. As classes deviam ser reguladas por forças externas mais poderosas que os mecanismos econômicos. Estes preparam a transição à organização política da sociedade" (Marcuse, 1988b, p.192).

dade, é algo totalmente abstrato e formal (Losurdo, 1997, p.185). A sobrevivência da plebe, entendida como um conjunto de indivíduos situados abaixo do nível de subsistência e que, portanto, perdem o sentimento do direito da legalidade e da honra, não deve ser atribuída à compaixão da classe mais rica, mas sim propiciada pela oferta de trabalho (Hegel, 1997c, p.208-9 [§245]).

Hegel defende, assim, o direito ao trabalho e argumenta que, se a miséria for deixada à mercê dos sentimentos caritativos, continuará existindo a escravização de uma classe pela outra. A seu ver, embora este seja um aspecto nuclear da questão social, há também a dominação cultural, uma vez que os direitos só podem ser exercidos efetivamente se a lei for do conhecimento de todos e não um monopólio daqueles que têm acesso a uma instrução privilegiada (ibidem, p.201-2).

A concepção que Hegel tem de Estado, considerando-o uma instância distinta da sociedade civil, pelo fato de esta última ser uma associação encarregada de manter o direito privado e o interesse particular, não significa que ela deva ser por ele absorvida. Portanto, o Estado é a instância que tem como objetivo a realização da liberdade "concreta", da razão, na medida em que se torna a expressão do desenvolvimento e do reconhecimento dos direitos e dos deveres do indivíduo enquanto cidadão, ligando-o organicamente à ideia da universalidade. Os indivíduos não estão apenas unidos politicamente pelos contratos inerentes à sociedade civil, mas devem cumprir os deveres que garantem sua vinculação ao todo, encontrando aí, também, a garantia do respeito à sua vida e propriedade (ibidem, p.228 [§261]).

Nessa perspectiva, atribui-se ao Estado não apenas a proteção da propriedade e da vida, mas, fundamentalmente, a intervenção direta no controle dos conflitos da sociedade civil para a manutenção efetiva dos direitos inalienáveis do indivíduo. Em contrapartida, parte significativa do liberalismo clássico, embora, no plano formal, traga a igualdade para o centro do pensamento segundo a máxima de que "todos nascem livres e iguais", acaba por reduzir esse universo a partir do momento em que a defesa da propriedade privada, elevada à esfera da excelência, é feita em detrimento até mesmo da vida daquele que a ameaça. Encontramos fortemente presente em Locke tal argumentação, ao defender a legitimidade de matarmos

> ... um ladrão que não nos fez mal nem manifestou qualquer desígnio contra a nossa vida mais do que, pelo emprego da força, apoderar-se de nós de sorte a arrebatar-nos o dinheiro ou o que mais lhe convier; porque, fazendo uso da força quando não tem o direito de apossar-se de nós, seja qual for a pretensão que o anime, não temos motivo para supor que aquele que nos tira a liberdade não nos arrebatasse tudo o mais, logo que nos tivesse em seu poder. Portanto, é-nos legítimo tratá-lo como quem se colocou em estado de guerra contra nós, isto é, matá-lo se pudermos, porquanto a tanto se arrisca ele ao introduzir um estado de guerra na qual figura como agressor (III, 18). (Locke, 1983, p.40)

Carvalho Franco (1993, p.41-8), em sua análise do *Segundo Tratado de Locke*, aponta para o fato de que o fundamento antropológico que emerge nesta citação não é o do indivíduo como pessoa, mas enquanto proprietário, fato que incide diretamente na passagem da igualdade para a "desigualdade justificada", na medida em que apenas aos proprietários é permitida a participação na "comunidade dos humanos", torna-se legítima a exploração, o jugo e, inclusive, o extermínio dos "criminosos", dos despossuídos que a ela atentam.

Hegel, de forma bastante diversa, concebe como indissociável a preservação da propriedade à da pessoa, pois pela jurisdição

> ... a violação da propriedade e da pessoa é castigada, mas o direito real da particularidade implica também que sejam suprimidas as contingências que ameacem um ou outro daqueles fins, que seja garantida a segurança sem perturbações da pessoa e da propriedade, numa palavra, que o bem-estar particular seja tratado como um direito e realizado como tal (§230). (Hegel, 1997c, p.202-3)

Tendo a vida como valor universal primeiro, o Estado deve não apenas se responsabilizar pelo indivíduo que estiver na pobreza, mas também não culpá-lo por essa situação, considerando melhor quanto menor a parte social relegada ao âmbito particular (ibidem, p.206-7).

Portanto, como aponta Losurdo (1997, p.137), Hegel advoga em favor do "irresistível" direito do "faminto" que, para a garantia da vida, deve invocar a "... intervenção do Estado nas relações de propriedades existentes, ou que, em casos extremos, está até mesmo autorizado a violar o direito de propriedade para buscar aquele pedaço de pão capaz de poupar-lhe a morte por inanição".

Cabe enfatizar que a efetivação dos direitos materiais, na tradição hegeliano-marxista, passa a ser condição *sine qua non* para a realização do indivíduo livre, uma vez que, na situação de miséria absoluta, o homem continuará reduzido à "servidão". A crítica fundamental feita por Marx à sociedade de seu tempo remete diretamente à relação "liberdade-igualdade", pois a liberdade, mesmo estando garantida no âmbito jurídico-formal,[3] desaparece completamente no momento em que há a desigualdade nas condições econômico-sociais. Segundo Losurdo (1996, p.687)

> ... por trás de Marx, está em ação o ensinamento de Hegel, e já a este último deve-se uma configuração clara e convincente dessa questão: quem sofre de fome desesperada, chegando a correr o risco de morrer de inanição, está numa condição de "total falta de direitos", ou seja, numa condição que, em última análise, não difere substancialmente da situação do escravo.[4]

---

3 Piozzi (1991), em sua tese de doutorado, analisa a crítica de Rousseau à distorção das noções de igualdade e liberdade nas leis positivas no momento em que são postas em prática: "... É principalmente contra o ideário liberal e racionalista que parece dirigir-se a crítica de Rousseau, preocupada em demonstrar a incompatibilidade entre o interesse particular e o bem comum. Entendendo a igualdade e a liberdade de cada um como o instrumento para obter ganhos privados e, ao mesmo tempo, como condição da felicidade geral, as filosofias racionalistas e liberais acabariam partilhando da mesma ilusão que oculta as relações desiguais e conflituosas na aparente universalidade das leis. Nas formas mais civilizadas de ordenamento político, a igualdade abstrata diante das leis esconde a essência da relação fundada no interesse privado, que instaura a ditadura dos mais fortes e talentosos sobre os mais fracos".

4 A análise de Carvalho Franco mostra que a "... presença do escravo, no Segundo Tratado, nada apresenta de 'contraditório' com o liberalismo: prática e teoricamente, do ponto de vista heurístico ou ético, a justificativa da escravidão é uma consequência última, que deriva de seus pressupostos: o poder atribuído, ao espécime perfeito, de confiscar, de modo total, os predicados constitutivos da pessoa humana, naqueles considerados defeituosos e nocivos" (Carvalho Franco, 1993, p.49).

Assim, para Hegel, os instrumentos de trabalho devem ser garantidos pela lei, a qual terá o poder de corrigir as desigualdades que geram a pobreza absoluta (Hegel, 1997c, p.113 [§127]).

Nessas circunstâncias parece até mesmo cair por terra a discussão sobre a prioridade atribuída à igualdade ou à liberdade, pois à medida que deixa de existir a garantia de um nível de renda mínimo, a liberdade não é apenas golpeada, sendo preterida em face da igualdade, mas passa a não existir de fato. Em contrapartida, como vimos, a tradição liberal, concebendo a miséria como resultado do demérito individual, da falta de sorte e do acaso, inerentes à ordem natural e até providencial das coisas, não coloca em questão as relações econômico-sociais e as instituições políticas. As *Lembranças de 1848*, de Tocqueville, expressam uma contundente crítica ao caráter socialista da revolução — da qual ele não é apenas expectador, mas um parlamentar — por estar pautado no questionamento da ordem existente e, portanto, da propriedade, a seu ver "fundamento da sociedade". Nesse sentido, condena a crença de que a pobreza, por ser resultado das "leis" e não da "providência", pode ser eliminada (Tocqueville, 1991, p.95). Impressionado com o inusitado caráter popular da Revolução, com a "... onipotência que ela havia dado ao povo propriamente dito, ou seja, às classes que trabalham com as mãos, sobre todas as outras" (ibidem, p.92), Tocqueville posiciona-se contra a barbárie popular que ameaçava a riqueza francesa, durante a jornada de fevereiro de 1848, defendendo a intervenção da polícia para conter a entrada das massas na política. Dessa forma, podemos perceber o quanto suas ideias são coerentes com parte significativa da tradição liberal que, ao mesmo tempo em que defende o Estado mínimo, limitando-lhe as ações à proteção da propriedade privada, outorga-lhe um grande poder no que diz respeito à repressão dos miseráveis: uma organização política voltada a garantir o *status quo* e isenta de qualquer compromisso com a solução da questão social. Ora, se ao Estado for reservada apenas a função de patrulhamento da sociedade, os conflitos sociais permanecem sem solução e o governo está sempre *sub judice* do fortalecimento da polícia para não se desintegrar (cf. Romano, 1985, p.26).

Para Hegel, ao contrário, a formação do Estado Moderno pressupõe a incorporação dos direitos sociais, dos interesses da "massa", pela qual o despotismo da vontade particular é substituído pelo estado de direito, constitucional, em que o indivíduo passa a estar subordinado a uma organização jurídica objetivamente definida. Assim, a concepção da miséria como questão social remete à necessidade da intervenção pública para solucioná-la. Marcuse ressalta que estão presentes nos pressupostos hegelianos a legitimação da propriedade e, ao mesmo tempo, sua regulamentação pela necessidade de uma justiça social, traduzida na contenção das desigualdades pela garantia a todos do direito ao trabalho e à propriedade (Marcuse, 1988b, p.195).

Com efeito, a acepção hegeliana de Estado moderno amplia os direitos consagrados também pela tradição liberal, mesmo que formalmente, no sentido de que passa a englobar do mesmo modo os direitos sociais. O direito ao trabalho, a extensão do direito de propriedade a todos os indivíduos e a prioridade da preservação da vida passam a estar subordinados diretamente à intervenção estatal, que tem como função essencial a solução das desigualdades geradas pela sociedade. Além disso, a lei só poderá ser exercida com justiça se for garantido o acesso das camadas inferiores aos bens materiais e à esfera cultural, permitindo-lhes o conhecimento da constituição em vigor.

Embora Hegel não defenda nem as eleições diretas nem o sufrágio universal, as formas de decisão política,[5] na sua acepção, também são mais "democratizadas", já que, como aponta Marcuse, propõem que o voto seja estendido aos funcionários do Estado, por ele considerados como os mais capazes para defender os interesses comuns contra os particulares (ibidem, p.166). A crítica hegeliana ao voto censitário deve-se ao fato de este excluir radicalmente as camadas populares, mantendo o monopólio do exercício dos direitos políticos pelos proprietários. Nesse sentido, defende o voto por corporação,

---

5   A análise e a crítica da proposta do sistema eleitoral de Hegel, caracterizada pelo voto por corporações, encontram-se bastante desenvolvidas em Marx (s.d.b., p.69-76).

garantindo cargos eletivos aos artesãos e operários estáveis, embora deles exclua os "trabalhadores jornaleiros" e os "criados".

Em sua perspectiva, além de estarem contemplados tanto os direitos materiais como os políticos e culturais, ainda que de forma limitada, legitima-se a Revolução Francesa, que implica a transformação violenta da sociedade, fenômeno fundamental para a conquista da autonomia e da racionalidade do indivíduo. Para Marcuse, Hegel, contrapondo-se aos ideólogos da reação, contrários à proclamação revolucionária da igualdade, nela identifica o momento decisivo de fundação do Estado moderno, erguido sobre a autonomia da razão (ibidem, p.19-20).

As interpretações de Marcuse e de Losurdo confluem em ressaltar a legitimidade atribuída por Hegel à eclosão das revoluções que marcam o surgimento do mundo moderno. Losurdo (1997, p.130-1) enfatiza que a Revolução Francesa é particularmente defendida – embora Hegel não deixe de criticar politicamente o terror jacobino em termos bastante severos,[6] desde que o "direito de resistência" seja vinculado ao "processo histórico concreto", pois

> ... o superior direito do espírito do mundo com respeito ao Estado é um dado de fato, e é deste ponto de vista que Hegel não condena como atos criminosos e ilegais as grandes revoluções, mas as justifica e as celebra. Decerto, em contraposição aos particularismos, aos arbítrios, aos abusos nobiliárquicos e feudais, Hegel coloca a objetividade e a superioridade do ordenamento estatal, que, porém, deve ser considerado inviolável e sacrossanto do ponto de vista jurídico, e não histórico-universal...

---

6 Losurdo (1997, p.162), mesmo fazendo referência à contundente crítica de Hegel ao terror jacobino, afirma que ela está longe de demonizá-lo ou reduzi-lo a uma "simples orgia de sangue", como faz o publicismo da época. Não pretendemos aqui fazer uma análise exaustiva da leitura de Hegel sobre as diferentes fases da Revolução Francesa, nem omitir a condenação por ele feita ao Terror, mas sim, a partir de sua postura favorável à questão social e, portanto, da entrada das massas na política, contrapor sua argumentação à dos liberais conservadores e identificar a filiação de Marx a esse aspecto do pensamento hegeliano.

Nas palavras de Hegel (1995b, p.365-6):

... Toda a situação da França naquela época é ... um reino de injustiça, que se torna, com a conscientização da mesma, uma injustiça vergonhosa. A terrível pressão sofrida pelo povo e o descaso do governo, permitindo na corte a opulência e o esbanjamento, foram os primeiros motivos para a insatisfação. ... A mudança foi necessariamente violenta, porque a transformação não partiu do governo, e ela não foi iniciativa do governo porque a corte, o clero, a nobreza e o parlamento não queriam abdicar de seus privilégios, nem por necessidade, nem pelo direito em si...

A partir da constatação de que, durante as revoluções, a liberdade emerge contra o direito existente, Hegel mostra que os franceses conseguiram transitar do teórico para o prático, no que tange às categorias fundamentais da liberdade formal:

No plano formal foram introduzidas categorias substanciais: principalmente a sociedade e o que seria útil para ela; mas o fim da sociedade é também político, é aquele do Estado (vide *Droits de l'homme et du citoyen*, 1791), ou seja, aquele que conserva os direitos naturais. Mas o direito natural é a liberdade, e a sua outra determinação é a igualdade dos direitos perante a lei. Uma relação direta manifesta-se aqui, já que a igualdade vem da comparação de muitos, e esses muitos são justamente pessoas cuja determinação básica é a mesma, ou seja, a liberdade. (ibidem, p.364)

Marx e a defesa da revolução

Para Marx (1975b, p.63), a

emancipação humana só será plena quando o homem real e individual tiver em si o cidadão abstrato; quando como homem individual, na sua vida empírica, no trabalho e nas suas relações individuais, se tiver tornado um *ser genérico*; e quando tiver reconhecido e organizado as suas próprias forças (*forces propres*) como forças *sociais*, de maneira a nunca mais separar de si essa força social como força *política*.

Está aqui claramente delineada a crítica à concepção de liberdade política desconectada da emancipação econômica e social dos indivíduos. Incapaz de resolver o conflito entre o interesse geral (Estado político) e o interesse privado (sociedade civil), tal concepção estabelece um dualismo entre a vida genérica e a vida individual expresso na cisão entre "pessoa pública" e "pessoa privada", pela qual a "soberania do homem" coincide com a "do homem como ser alienado distinto do homem real" (ibidem, p.45-6).

O Estado, para Marx, camufla o fato de que os interesses privados, considerados ilusoriamente expressão genuína e harmoniosa da vida genérica do homem, sustentam os desígnios políticos de uma minoria (ibidem, p.44-5).[7] Podemos apreender, assim, um importante contraponto a Hegel, para quem a esfera da sociedade civil, mecânica, exprime os interesses privados, enquanto o Estado é visto como o momento orgânico, fonte de todo o direito e expressão do poder universal, como o agente catalisador dos conflitos sociais e como a "realização da vontade livre" (Marx, s.d.b, p.87).

O que acontece, efetivamente, é que a vida política é incapaz de abolir as contradições de existência características da sociedade civil. Nesse sentido, Marx (1975a, p.89) mostra que o que ocorre não é a "emancipação humana universal", que depende de uma revolução radical, mas apenas uma

> secção da sociedade civil emancipa-se e alcança o domínio universal: uma determinada classe empreende, a partir da sua situação particular, uma emancipação geral da situação. Tal classe emancipa a sociedade como um todo, mas só no caso de a totalidade da sociedade se encontrar na mesma situação que esta classe; por exemplo, se possuir ou facilmente puder adquirir dinheiro ou cultura.

Contudo, embora Marx critique a concepção hegeliana que vê no Estado a expressão da universalidade, não podemos deixar de

---

7 Marx retoma essa crítica à visão romântica de Hegel sobre a relação do Estado político com a sociedade civil em vários momentos da *Crítica da Filosofia do Direito de Hegel* (ver Marx, s.d.b, p.143).

A VIOLÊNCIA REVOLUCIONÁRIA EM HANNAH ARENDT E HERBERT MARCUSE   35

registrar que, resguardadas todas as diferenças entre as teorias dos dois filósofos em questão, em Hegel (1995c, p.301-2) também há uma contundente crítica à determinação das leis por parte da classe empenhada não apenas em tirar proveito da "riqueza universal", mas em garantir sua dominação por meio da "ignorância" das massas.

Hegel recusa, portanto, uma sociedade que se mantém pela dominação cultural e financeira de uma classe, condenando tanto o fato de apenas parte da sociedade buscar, mediante a elaboração de um "código de leis", aglutinar seja as "determinações universais", seja os pormenores particulares, quanto o de impedir aos demais indivíduos de apropriarem-se de sua parte na "riqueza geral". Ou seja, estabelece uma crítica contundente àqueles que fazem dos seus interesses e negócios particulares – pertencentes à sociedade civil – os assuntos do Estado. Mas, se por um lado Hegel imputa a desigualdade à má distribuição da riqueza e a injustiça social a relações que permeiam a propriedade privada, defendendo o acesso de todos os homens a ela, por outro lado, sua proposta política se dá no sentido de assegurá-la, sendo papel do Estado garantir a efetivação dos direitos do homem não apenas com relação à vida e ao trabalho, mas também à propriedade. Marx (1975b, p.57), ao contrário, mostra que o cerne da questão encontra-se no fato de que "a aplicação prática do direito humano de liberdade é o direito da *propriedade privada*".

Enquanto o advento da liberdade dos modernos, em Hegel, está vinculado à defesa da propriedade privada, sendo o Estado responsável pela garantia das liberdades civis, para Marx o Estado,[8] na sociedade capitalista, ergue-se, fundamentalmente, para defender os interesses do proprietário, consagrando como cidadão apenas o "burguês", não sendo, de forma alguma, a instância em que se realiza a efetiva liberdade de todos os indivíduos. Os conceitos de liberdade,

---

8   Para Marx & Engels (1998b, p.8) "... com o estabelecimento da grande indústria e do mercado mundial a burguesia conquistou, finalmente, o domínio político exclusivo no Estado representativo moderno. O poder do Estado moderno não passa de um comitê que administra os negócios comuns da classe burguesa como um todo".

igualdade, segurança e propriedade nada mais são do que a vontade da burguesia elaborada em forma de lei. Nesse sentido, a crítica marxiana à economia política é elaborada a partir da constatação de que a concepção de homem que lhe é intrínseca é a do "burguês" considerado como o homem "verdadeiro" e "autêntico" (Marx, 1975c, p.184), incorporando "... a propriedade privada na autêntica *essência do homem*" (1975b, p.14).

Hegel e Marx concordam em sua crítica quanto a um aspecto fundamental do liberalismo, segundo o qual o homem só é reconhecido plenamente na condição de proprietário.[9] Mas, ao mesmo tempo deve-se observar que, contrariamente a Marx, para quem os conflitos inerentes à sociedade civil não poderão ser resolvidos pelo Estado, que acaba por corroborá-los, em Hegel a defesa de um sistema calcado na manutenção da propriedade privada associa-se com a proposta de um Estado intervencionista mais poderoso do que os mecanismos econômicos, pois, do contrário, ele não se diferenciaria das organizações da sociedade civil, servindo apenas à proteção dos interesses privados. Assim, o vínculo entre o indivíduo e o Estado hegeliano, que implica a existência quer do direito, quer da violência, uma vez que para sua manutenção são fundamentais a "decisão do soberano" e a "obediência dos súditos", traz à tona a discussão sobre a participação política, tornando-se essencial o processo educativo e jurídico que transforma o vulgo em "povo":

> Costuma-se chamar *povo* o agregado das pessoas privadas, mas, enquanto tal agregado, ele é o *vulgo*, não o *povo* [*vulgus, populus*]; e sob esse respeito é o único fim do Estado que um povo não chegue à existência, nem ao poder, nem à ação *enquanto* um *tal agregado*. Tal situação de um povo é uma situação de injustiça, de aeticidade, de irracionalidade;

---

9   A recusa de Marx à concepção da economia política que, ao sinonimizar homem e burguês, nega a condição de homem àqueles que não pertencem a essa categoria pode estender-se à antropologia lockeana à luz da análise feita por Carvalho Franco (1993, p.41) do *Segundo Tratado* de Locke, ao afirmar que o fundamento antropológico que emerge aí é o do indivíduo como proprietário e não como pessoa (cf. Carvalho Franco, 1993, p.41).

A VIOLÊNCIA REVOLUCIONÁRIA EM HANNAH ARENDT E HERBERT MARCUSE 37

nessa situação o povo seria somente como uma potência informe, brutal, cega, como o mar agitado, elementar ... Para que tenha sentido entrar na questão da participação das pessoas privadas nos assuntos universais, deve-se pressupor não o irracional, mas um povo já organizado, isto é, no qual já exista presente um poder governamental (§544). (Hegel, 1995c, p.316)

A defesa hegeliana da liberdade é entendida aí como incorporação de todos aos negócios do Estado que, justamente por constituir a racionalidade da "liberdade autoconsciente", se constrói por meio da unidade política que supera a dimensão individual e egoísta inerente aos interesses corporativos da sociedade civil. O Estado é a expressão da passagem para a dimensão ética, em que a garantia dos direitos de todos não pode ser indissociada do alargamento da esfera do dever responsável pela vinculação dos indivíduos à constituição do universal. Nesse sentido, deve assegurar os direitos mesmo daqueles considerados "criminosos", dos "doentes" e dos "enfermos", pois a eles deve ser garantida a vida que "subsiste apesar da imperfeição" (cf. Romano, 1985, p.25). Devemos salientar mais uma vez que tais pressupostos hegelianos de defesa da realização universal do homem *qua* homem aparecem também na crítica à economia política de Marx (1975d, p.174):

... a economia política não conhece o trabalhador desocupado, o homem que [não] trabalha, na medida em que ele se encontra fora da relação de trabalho. O burlão, o ladrão, o pedinte, o desempregado, o faminto, o miserável e o criminoso são *figuras* de homem que não existem para a economia política ...

Romano aponta para mais uma herança da filosofia idealista em Marx, ao lembrar que Hegel questiona a concretude dos ideais de liberdade e igualdade nutridos pela Revolução Francesa ao afirmar que os

... próprios burgueses enganam-se sobre si mesmos e sobre os demais homens: só podem ser efetivamente livres os iguais, e só podem ser iguais os proprietários. Fica bem explícito o agudo senso lógico de Hegel, sobretudo quando se trata de fortalecer a experiência burguesa de mundo: pouco importa a bela ilusão da burguesia, o fato é que o conceito de liberdade não pode ser buscado numa natureza idílica, supostamente originária. Na verdade, é só fora da natureza, e no interior da cultura (ética), que podem aparecer os conceitos jurídicos e abstratos da igualdade e da propriedade, fundamentos de uma liberdade concreta, ou seja, limitada a um determinado número de homens: "os capazes de propriedade". (Romano, 1985, p.32)

Hegel (1995c, p.308) afirma que ao Estado, quando exerce seus plenos direitos sobre as diversas partes da sociedade civil, implica a "realização da razão", mediante a regulamentação da diferença entre as diversas forças que o compõem, distanciando-se, por princípio, da "igualdade" pelo fato de ser ele mesmo o responsável pela hierarquização das relações quer entre os governantes, quer entre estes e os governados. Ou seja, a liberdade só pode ser assegurada se o Estado estabelecer distinções, ordem, hierarquias nas atividades do "corpo político", impedindo a desagregação de suas partes (Romano, 1985, p.34), e até mesmo o "domínio jurídico" determina competências e deveres desiguais (Hegel, 1995c, p.308-9).

Assim Hegel mostra o caráter mistificador da liberdade "idealizada" pelo burguês, principalmente quando associada à concretização da igualdade na esfera política, mas o que ocorre na prática é que os "incapazes" de ser proprietários não são iguais. Ao denunciar a abstração da liberdade e da igualdade burguesas, Hegel não tem como propósito defender sua realização, mas, ao contrário, ao admitir a concretude da desigualdade, avalia que não há como escapar à imposição das vontades "subjetivas" ao todo — correndo o risco de que o "estado de natureza", inerente à sociedade civil, volte à cena —, a não ser a partir do Estado orgânico e constitucional (Romano, 1985, p.34).

Conceber o Estado como um "corpo organicamente constituído" não significa que ele não pertence ao "mundo", à esfera do "contingente" e do "erro", podendo assumir múltiplas formas, e a sociedade moderna, também, dessa perspectiva, só pode emergir como um organismo passível de mudanças e de transformações que acompanham o "espírito do mundo" hegeliano, a "história univer-

A VIOLÊNCIA REVOLUCIONÁRIA EM HANNAH ARENDT E HERBERT MARCUSE   39

sal".[10] Contudo, para a efetiva realização desse processo, é necessário que se leve em conta a falta de esclarecimento das massas, fato que traz à tona a questão do exercício do poder que não se pode expressar pela soberania popular.

Nesse sentido, o Estado hegeliano difere do Estado absoluto pelo fato de o "povo" ser considerado parte integrante na constituição do poder político, entendido tanto como o lugar de garantia do direito à vida e ao trabalho quanto como o lugar onde a maturidade social precisa ser mantida e encorajada pela educação e pelas formas corporativas de representação política. Para a garantia do desenvolvimento dessa maturidade, contudo, há a necessidade da intervenção do poder governamental como um instrumento que impeça os efeitos destrutivos da competição individual, transformando-os em interesses positivos do universal. O resultado de tal movimento acaba sendo a restrição da liberdade individual à ordem universal do Estado. Embora esse modelo de Estado hegeliano, denominado "disciplinador" por Marcuse (1988b, p.166-71), distancie-se de um Estado absoluto, segundo a concepção de Marx (s.d.b, p.177) ele acaba por anular o "elemento democrático", excluindo a efetiva participação de todos nas decisões dos assuntos políticos.

Contudo, na *Crítica da Filosofia do Direito de Hegel*, Marx, ao abordar o papel do poder legislativo durante o início das grandes revoluções, ressalta que desde que o "movimento da constituição" coincida com a transformação do povo (seu verdadeiro representante), ele abre a possibilidade da realização consciente do homem. Como defensor da soberania popular, admite que a "lei" não se sustenta apenas com seu caráter repressivo, sendo, em alguns momentos, esteio para a luta contra a sociedade capitalista (ibidem, p.88).

Marx mostra, assim, que há uma contradição, admitida pelo próprio Hegel, entre a participação da sociedade civil e a forma em que ela deve se efetivar nos assuntos do Estado, pois é

---

10 Podemos notar na análise de Lebrun (1988, p.21-2) sobre a concepção de Estado hegeliana uma interpretação bastante similar e aprofundada dessa passagem.

o próprio Hegel que formula o dilema: ou a sociedade civil (o número, a multidão) participa através de delegados na discussão e nas decisões relativas aos assuntos gerais do Estado, ou *todos* o fazem [como] *indivíduos*. Não existe aqui uma oposição do *ser*, como Hegel pretende depois representá-lo, mas uma oposição da *existência* e, na realidade, da existência externa, do *número*, devido ao qual a razão que Hegel qualifica de *"externa" – a multidão de membros* – continua a ser a melhor razão contra a participação direta de todos. O problema de saber se a sociedade civil deve participar no poder legislativo, quer *seja* por intermédio de *representantes* ou pela participação direta de "todos individualmente", é um problema no interior da *abstração do Estado político* ou no interior do *Estado político abstrato*; é um problema político abstrato. (ibidem, p.178-9)

Marx (ibidem, p.179) conclui, em seguida, que a "oposição na sua forma verdadeira é a seguinte: *os indivíduos atuam enquanto todos*, ou os *indivíduos* atuam enquanto *alguns*, enquanto *não todos*". Chama a atenção também para a contradição presente nos argumentos hegelianos que, se por um lado garantem o estatuto do indivíduo enquanto membro do Estado, por outro negam o livre exercício desse direito (ibidem, 182).

Nosso objetivo, ao pontuar as diferenças e semelhanças entre as concepções de Marx e as de Hegel, é tentar balizar quais os aspectos a ser considerados quando tratamos de um filão de pensamento conhecido como hegeliano-marxista, para explicitar a influência deste na argumentação de Marcuse e na recusa de Arendt no que diz respeito, fundamentalmente, à questão da transformação da ordem vigente e à utilização da violência para tanto. Se encontramos, tanto em Hegel como em Marx, a incorporação da questão social diretamente vinculada à crítica feita por eles ao Estado liberal, há uma contundente recusa de Marx à solução hegeliana, a seu ver, estatista e autoritária. Embora em Hegel esteja presente o repúdio à concepção de Estado enquanto expressão do contrato comercial, este é concebido como gestor dos conflitos da sociedade sem que seja questionada a propriedade privada, fato que, segundo Marx, impede a transformação da ordem existente, em seu viés interpretativo, a qual só poderia ocorrer no âmbito da sociedade civil pela via revolucioná-

A VIOLÊNCIA REVOLUCIONÁRIA EM HANNAH ARENDT E HERBERT MARCUSE **41**

ria e consequente abolição da propriedade privada. As leis modernas não são analisadas por Marx apenas no seu aspecto repressor, mas também se manifestam como expressão da luta de classes, assumindo o papel de catalisadoras da defesa da vida que brota das necessidades viscerais dos explorados, incorporando-se provisoriamente na Constituição burguesa. Em contraposição, para Hegel, na constituição do Estado moderno encaixa-se a vida livre e racional do todo que abarca e supera os conflitos da sociedade civil, sem que haja, contudo, o reconhecimento concreto da soberania popular. Assim, a concepção hegeliana de Estado, entendida como a esfera do universal, pactua, na leitura de Marx, com uma prática política antidemocrática que, ao considerar o povo apenas como abstração, acaba por delegar o poder governamental exclusivamente à burocracia.[11] Em contrapartida, nos seus textos *A Questão Judaica* e *Crítica à Filosofia do Direito de Hegel*, a conciliação entre sociedade civil e Estado, público e privado, individual e coletivo, inexistente de forma concreta nos pressupostos hegelianos, passa a ser vislumbrada na figurada revolução proletária que encarna a junção do material e do espiritual, dos interesses de classe e da realização da justiça racional universal. É importante salientar, então, que é justamente nesses escritos que, pela primeira vez, atribui-se à classe operária um papel decisivo na emancipação da humanidade, embora Marx reconheça e reitere a importância da filosofia crítica:

> ... a arma da crítica não pode substituir a crítica das armas; a força material só será derrubada pela força material; mas a teoria em si torna-se também uma força material quando se apodera das massas. (Marx, 1975a, p.86)

Esboça-se, aqui, uma nova solução para o problema da alienação humana, uma vez que a crítica e a teoria filosófica sozinhas não poderão levá-la a cabo. Uma força mais prática se faz necessária, aquela que advém da classe trabalhadora pelo fato de esta não possuir

---

11 Sobre a crítica de Marx à concepção de burocracia em Hegel, ver Marx, s.d.b, p.71-2.

nada e de ter perdido tudo o que há de humano, ou seja, por ter seu "corpo" e seu "espírito" destruídos. Nesse sentido, a transformação emerge do reino da necessidade, da condição do homem como um ser "humilhado", "escravizado", "abandonado", "desprezível", pois as "... revoluções precisam de um elemento *passivo*, de uma base *material*. A teoria só se realiza num povo na medida em que [sic-quando] é a realização das suas necessidades" (ibidem, p.87). Está posta, portanto, a possibilidade de emancipação da humanidade a partir tanto da teoria, que concebe o homem *qua* homem enquanto ser supremo, quanto das condições materiais encarnadas pelo proletariado. Marx, ao refletir sobre a filosofia idealista alemã, mostra que apenas na união entre as armas "materiais" e as "intelectuais" haverá a possibilidade da emergência do "homem livre":

> Assim como a filosofia encontra as armas materiais no proletariado, assim o [sic-do mesmo modo] proletariado tem as suas armas intelectuais na filosofia. E logo que o relâmpago do pensamento tenha penetrado profundamente no solo virgem do povo, os alemães emancipar-se-ão e tornar-se-ão homens. (ibidem, p.93)

Se em Hegel, o universo da liberdade, da autodeterminação apenas se concretiza no Estado, em Marx é justamente o reino da necessidade, a sociedade civil, a relação entre capitalista e trabalhador que abrem caminho para a transformação política na esteira das leis e da revolução.[12] Na *Miséria da Filosofia*, este último enfoca a reação dos

---

12 Romano mostra que, para Marx, há também o aspecto repressivo da lei, fundamentalmente, quando se trata da destruição da individualidade pela "máquina" capitalista que visa a reduzir o máximo possível a capacidade de resistência do homem. Recupera, assim, a análise do despotismo das fábricas elaborada por Marx, em que "o chicote é substituído pelo livro de punições do contramestre": "A luta política da sociedade contra os capitalistas não impede, entretanto, que no interior da fábrica estes firmem sua vontade sob a forma de leis e regulamentos inexoráveis. A grande dificuldade para vencer a resistência orgânica dos operários era sua falta de disciplina. Era preciso fazer 'com que os homens renunciassem aos seus hábitos irregulares' (*unregelmässigen*) no trabalho, e identificá-las à regularidade invariável do autômato" (p.447) (Romano, 1985, p.58-9).

operários aos ditames do capital, vitoriosa em "obrigar" o próprio parlamento inglês a "permitir" legalmente a existência das coalizões dos trabalhadores, que passam a ganhar grande vigor especialmente em países cuja indústria atinge alto grau de desenvolvimento, como é o caso da Inglaterra. Há assim um confronto entre os economistas que visam à adequação da classe operária mediante sanções previstas em seus "manuais" e as organizações dos operários que, por meio de greves e coalizões, as quais de parciais passam a ser permanentes, buscam consolidar sua associação (Marx, s.d.f, p.148).

As greves, coalizões, *trade-unions*, quando aliadas às lutas políticas dos operários, são os primeiros passos para que a "massa da população" se transforme em "trabalhadores" que, ante a dominação do capital, passam a manifestar seus "interesses comuns". A classe trabalhadora se constitui inicialmente apenas diante do capital e posteriormente se consolida como classe no momento em que a defesa de seus interesses passa a configurar uma luta política que opõe uma classe à outra (ibidem, p.149).

A luta pela libertação da classe trabalhadora significa, para Marx, diferentemente das revoluções burguesas, a abolição de todas as classes, pois a possibilidade positiva de emancipação reside na

> ... formação de uma classe que tenha *cadeias radicais*, de uma classe na sociedade civil, de uma classe que seja a dissolução de todas as classes, de uma esfera que possua caráter universal porque os seus sofrimentos são universais e que não exige uma *reparação particular* porque o mal que lhe é feito não é um *mal particular*, mas o *mal em geral*, que já não possa exigir um título *histórico*, mas apenas o título *humano*; de uma esfera que não se oponha a consequências particulares, mas que se oponha totalmente aos pressupostos do sistema político alemão; por fim, de uma esfera que não pode emancipar-se a si mesma nem emancipar-se de todas as outras esferas da sociedade sem as emancipar a todas – o que é, em suma, a *perda total* da humanidade, portanto, só pode redimir-se a si mesma por uma *redenção total* do homem. A dissolução da sociedade, como classe particular, é o *proletariado*. (Marx, 1975a, p.92)

A revolução política tem origem na sociedade civil, resultando da luta de uma classe que, ao concentrar em si os efeitos destrutivos do sistema capitalista, torna-se a expressão concreta da maioria dos deserdados e, portanto, a única força material capaz de fazer ruir a ordem social existente.

Marx acrescenta que no

> período de espera, o antagonismo entre o proletariado e a burguesia é uma luta de classe contra classe, luta que, levada à sua mais alta expressão, é uma revolução total. Aliás. Devemos nos admirar de que uma sociedade, fundada na *oposição* das cousas, chegue à *contradição* brutal, a um choque corpo a corpo como última solução? (Marx, s.d.f, 149)

E conclui dizendo: "Não digais que o movimento social exclui o movimento político. Não haverá jamais movimento político que não seja social ao mesmo tempo" (ibidem). Como a violência encontra-se inscrita na própria constituição da sociedade capitalista, não há possibilidade de que o processo de superação desta não desemboque no "choque corpo a corpo" em defesa da vida, como uma etapa fundamental para a negação dos antagonismos inerentes a esse sistema social.

Apenas o proletariado, produto mais "autêntico" da grande indústria, constitui uma classe "verdadeiramente revolucionária", mas quando eclode o movimento de libertação, parcelas de todas as classes, inclusive da dominante, somam-se aos operários desempenhando um importante papel "teórico" na condução dos acontecimentos. Assim,

> ... nos períodos em que a luta de classe se aproxima da hora decisiva, o processo da dissolução no interior das classes dominantes e de toda a velha sociedade adquire um caráter tão vivo e intenso que até uma pequena parcela da classe dominante dela se separa e se junta à classe revolucionária, à classe que carrega o futuro em suas mãos. Como outrora uma fração da nobreza aliou-se à burguesia, também uma parte da burguesia passa agora para o lado do proletariado, especialmente uma parte dos ideólogos da burguesia que alcançam uma compreensão teórica do movimento histórico em seu conjunto. (Marx & Engels, 1998b, p.17-8)

Mais uma vez nos deparamos com a questão da organização racional do uso da violência em nome do movimento da vida, em que os intelectuais − "o cérebro do momento orgânico" − se destacam por expressar o movimento da própria razão, da filosofia crítica que almeja atingir em cada etapa da luta o mais alto grau do "espírito", da cultura.

O proletariado emerge, dessa forma, como uma classe ímpar no sentido de que, não tendo nada de seu para garantir, nem podendo constituir poder econômico, é o único capaz de, ao se apoderar das forças produtivas sociais, abolir o seu modo de apropriação, ou seja, em última instância, de extinguir a propriedade privada (ibidem, p.21), o que só pode ocorrer mediante a destruição da ordem social vigente e, portanto, do uso da violência, como admitem Marx e Engels (ibidem, p.19).

A questão central passa a ser, então, a consolidação do domínio político pela violência, que não pode ser desconectada da destruição do modo de produção capitalista, pois o ... proletariado vai usar seu predomínio político para retirar, aos poucos, todo o capital da burguesia, para concentrar todos os instrumentos de produção nas mãos do Estado − quer dizer, do proletariado organizado como classe dominante − e para aumentar a massa das forças produtivas o mais rapidamente possível (ibidem, p.27).

> Naturalmente, isso só pode ocorrer, de início, por meio de intervenções despóticas no direito de propriedade e nas relações burguesas de produção; através, portanto, de medidas que talvez pareçam insuficientes e insustentáveis do ponto de vista econômico, mas que tragam resultados para além de si mesmas e sejam indispensáveis para revolucionar todo o modo de produção. (ibidem, p.28)

Assim, a supressão definitiva dos antagonismos de classes, a ser realizada pela derrubada violenta da ordem social existente e pela progressiva extinção do novo poder político, diferencia a revolução proletária da burguesa (ibidem, p.28-9).

Nessa perspectiva, voltamos a abordar os textos escritos por Marx no calor da luta, em fevereiro de 1848, quando historicamente vem à tona não apenas a discussão, mas a tomada de posição diante dos conceitos de "democracia", "república", "sufrágio universal", intrinsecamente vinculados à mudança radical da ordem social existente. A conquista da democracia concreta encontra-se vinculada à ideia de luta de classes, uma vez que a democracia burguesa é a expressão da dominação de uma classe pela outra. Contudo, o alargamento real dos direitos universais passa, também, pela utilização dos próprios mecanismos instituídos pela burguesia. O progresso democrático significava que o combate deveria ser travado em duas frentes: primeiro, contra as forças do Antigo Regime que não abriam mão da soberania dos reis e imperadores, nem mesmo aceitavam dividir o poder com assembleias censitárias, e, segundo, contra a burguesia ascendente que negava com veemência a participação dos despossuídos nas decisões que incidiam de alguma forma na esfera pública. Assim, a "república democrática" e o sufrágio universal são rechaçados pela classe dominante como sendo a "entronização da irresponsabilidade", a "imprevisibilidade como norma", o "território dos demagogos", o "caos", a "desordem" e a "subversão". Engels, na "Introdução às Lutas de Classes na França de 1848 a 1850", acentua o fato de que durante esse período a utilização das vias institucionais ainda com "fórmulas imprecisas", como o "direito ao trabalho"[13] e o "sufrágio universal", já antecipava as pretensões revolucionárias do proletariado (Engels s.d.a, p.103).

Contudo, adverte que é ilusório acreditar que as condições de exercício da democracia, a extensão do sufrágio e o direito ao trabalho fossem mantidos pela "república burguesa".[14] A total incompatibilidade dos interesses burgueses com os dos trabalhadores apenas se explicitou nos momentos da revolução de 1848, caracterizados pela reação da burguesia às conquistas do proletariado,

---

13 Marx aponta para a luta pelo direito do trabalho durante a revolução de fevereiro de 1848 (Marx, s.d.e, p.118). Contudo, em junho de 1848, há a proscrição do direito do trabalho que se transforma em assistencialismo (ibidem, p.138-9).

14 A Revolução Francesa do século XIX é dividida por Marx nas seguintes fases: "jornadas de fevereiro", "República Burguesa" e o golpe de Estado por Luís Bonaparte (Marx, s.d.d, p.79-80).

A VIOLÊNCIA REVOLUCIONÁRIA EM HANNAH ARENDT E HERBERT MARCUSE **47**

e em lutas anteriores ela tinha-se aliado a ele para a derrubada da monarquia.

Marx mostra, assim, que a melhoria das condições políticas e sociais "concedidas" pela República burguesa, de forma pacífica, não passa de utopia, uma vez que o Estado tem como objetivo central eternizar a dominação do capital e a escravidão do trabalho. Há uma contradição de grande envergadura quando a burguesia,

> mediante o sufrágio universal, concede a posse do poder político às classes cuja escravidão vem de eternizar: o proletariado, os camponeses, os pequenos burgueses. E priva a classe cujo velho poder social sanciona, a burguesia, das garantias políticas dêste poder. Encerra o seu domínio político nos limites de algumas condições democráticas que a todo momento são um fator para a vitória das classes inimigas e põem em perigo os próprios fundamentos da sociedade burguesa. Exige, de uns, que não avancem, passando da emancipação política à social; e, de outros, que não retrocedam, passando da restauração social à política. (Marx, s.d.e, p.139-40)

O "terrorismo" burguês não tarda a entrar em cena para impedir as conquistas sociais das classes despossuídas, tanto que

> ... a lei que limitava a jornada de trabalho a dez horas foi derrogada; a prisão por dívidas, restabelecida; os analfabetos, que constituíam a maior parte da população francesa, foram declarados incapazes para o júri. Por que não também para o sufrágio? Voltou a implantar-se a fiança para os jornais e limitou-se o direito de associação. (ibidem, p.134)

O sufrágio universal é abolido em 1850, tendo cumprido sua "missão revolucionária" de contribuir para que o povo compreendesse quem são seus reais opositores, evidenciando que, quando as reivindicações sociais assumem caráter democrático, a burguesia acaba por restringi-las a seus próprios limites. Em contrapartida, e como decorrência desse processo, a classe dominante sente como necessária a eliminação do sufrágio para impedir os avanços da massa. Esses passos seguidos pelas revoluções proletárias do século XIX são considerados, portanto, fundamentais por Marx, uma vez que explicitam a necessidade da luta de classes. A burguesia age de forma violenta para conter a luta do proletariado, fato que deveria, segundo os pressupostos marxistas, colocá-lo a postos para o choque com esta classe (Reis Filho, 1998, p.86-7). A violência que deve emergir aí é a revolucionária, em defesa da vida, como forma de destruir o sistema capitalista, não havendo, assim, a apologia da violência no *Manifesto do Partido Comunista*.[15]

Durante a "guerra civil" de 1871, a burguesia francesa, mais uma vez, mostra, de forma inusitada, "a que extremo de crueldade e vingança é capaz de chegar sempre que o proletariado se atreva a defrontar-se com ela como uma classe independente, que tem os seus próprios interesses e reivindicações" (Marx, s.d.d, p.43). Tal fúria é investida contra a Comuna de Paris, organização de caráter nitidamente proletário que toma o poder no dia 18 de março, sendo

> ... uma forma política perfeitamente flexível, diferentemente das formas anteriores de governo, todas elas fundamentalmente repressivas. Eis o seu verdadeiro segredo: a Comuna era, essencialmente, um governo da classe operária, fruto da luta da classe produtora contra a classe apropriadora, a forma política afinal descoberta para levar a cabo a emancipação econômica do trabalho. (ibidem, p.83)

Um governo capaz de extirpar os fundamentos econômicos que sustentam a existência das classes, de abolir a propriedade privada que converte o trabalho de uma maioria na riqueza de poucos, pois ela aspira

> ... à expropriação dos expropriadores. Queria fazer da propriedade individual uma realidade, transformando os meios de produção, a terra e o capital, que hoje são fundamentalmente meios de escravização e exploração do trabalho, em simples instrumentos de trabalho livre e associado. Mas isso é o comunismo, o "irrealizável" comunismo! ... Se a produção cooperativa for algo mais que uma impostura e um ardil; se há

---

15 Reis Filho (1998, p.88) defende a ideia de que, no *Manifesto do Partido Comunista*, a revolução proletária apenas se utilizaria da violência pela imposição de circunstâncias históricas.

A VIOLÊNCIA REVOLUCIONÁRIA EM HANNAH ARENDT E HERBERT MARCUSE 49

de substituir o sistema capitalista; se as sociedades cooperativas unidas regularem a produção nacional segundo um plano comum, tomando-a sob seu controle e pondo fim à anarquia constante e às convulsões periódicas, consequências inevitáveis da produção capitalista – que será isso, cavalheiros, senão comunismo, o comunismo "realizável"? (ibidem, p.84)

Na experiência histórica da Comuna de Paris, as novas formas de gestão democráticas, o heroísmo dos protagonistas, a adesão da população e o isolamento político da minoria dominante que recorre à utilização da violência configuram, para Marx, um exemplo concreto da ameaçadora ditadura do proletariado preconizada no *Manifesto do Partido Comunista* (ibidem, p.84-5).

Diante dessa forma de organização política pelos operários, a burguesia responde com inusitada violência, mediante a construção da imagem da Comuna como o "verdadeiro inimigo" do povo e da nação francesa:

> A civilização e a justiça da ordem burguesa aparecem em todo o seu sinistro esplendor onde quer que os escravos e os párias dessa ordem ousem rebelar-se contra os seus senhores. Em tais momentos, essa civilização e essa justiça mostram o que são: selvageria sem máscara e vingança sem lei. Cada nova crise que se produz na luta de classes entre os produtores e os apropriadores faz ressaltar esse fato com a maior clareza. Mesmo as atrocidades cometidas pela burguesia em junho de 1848 empalidecem diante da infâmia indescritível de 1871. O heroísmo abnegado com que a população – homens, mulheres e crianças – lutou durante oito dias desde a entrada dos versalhenses na cidade reflete a grandeza de sua causa, do mesmo modo que as façanhas infernais da soldadesca refletem o espírito inato dessa civilização da qual é ela o braço vingador e mercenário. Gloriosa civilização essa, cujo grande problema consiste em saber como desprender-se dos montões de cadáveres feitos por ela, depois de cessada a batalha! (ibidem, p.95)

Se, por um lado, depreende-se desta descrição extremamente dramática a serenidade, o heroísmo, a abnegação dos operários, por outro, neste momento, desvenda-se o caráter violento do sistema, desmistificando a obra civilizatória do ideário e sistema burgueses.

A violência utilizada pela Comuna, contrariamente, apenas se reveste de caráter defensivo. Ela

> ... serviu-se do fogo pura e exo para cobrir a retirada, do mesmo modo que os versalheses, ao avançar, exclusivamente como um meio de defesa. Utilizou-o para sustar o avanço das tropas de Versalhes por aquelas avenidas amplas e retas que Haussmann abrira expressamente para o fogo da artilharia; empregou-pregaram suas granadas que destruíram, pelo menos, tantos edifícios como o fogo da Comuna. Ainda não se sabe ao certo que edifícios foram incendiados pelos defensores e quais o foram pelos atacantes. E os próprios defensores não recorreram ao fogo senão depois que as tropas versalhesas deram início à matança em massa de prisioneiros. ... Sabia a Comuna que aos seus inimigos não importavam as vidas do povo de Paris, mas que em troca lhes importavam muito os edifícios parisienses de sua propriedade. (ibidem, p.97)

Para Marx, o cerne do conflito da sociedade capitalista, calcado na defesa da propriedade privada e da garantia à vida e à cidadania apenas aos seus detentores, não se resolve com uma política estatal. As "concessões" sociais e políticas inerentes à República burguesa apenas são mantidas desde que a classe trabalhadora não se atreva a defrontar-se com seus expropriadores como uma "classe independente", com interesses e reivindicações próprios. Ao travar suas lutas, que nascem da necessidade, traz à tona a exigência de superação da ordem existente que desemboca inexoravelmente no "choque corpo a corpo", uma vez que a violência encontra-se inscrita na própria constituição da sociedade capitalista. A experiência histórica da Comuna de Paris é exemplar do caráter defensivo do uso da violência no processo revolucionário. Não há, dessa perspectiva, a apologia da violência, mas sua justificação nos planos teórico, prático e histórico por ter como fim a extinção das classes, do Estado e da violência que permite a passagem para um estágio superior das relações humanas, tornando a sociedade mais habitável. Sendo assim, a única classe capaz de iniciativa social é o proletariado que, por não possuir nada e ter perdido tudo o que há de humano, acaba encarnando a possibilidade de realização do "homem livre", da justiça racional universal.

A razão universal, que deve levar a formas superiores de vida, concretiza-se, para Hegel, no Estado Moderno, enquanto para Marx ela é conquistada, na esteira da revolução, pelo proletariado. Marcuse herda essas diferentes apropriações da ideia de progresso engendrada pelas luzes: em seu ideário a "redenção total do homem" só é possível a partir da revolução que nasce da necessidade ante a "perda total da humanidade", ou seja, que a defesa da vida na sociedade moderna só pode efetivar-se com a utilização da violência – não como "metodologia purificadora" –, mas subordinada à razão, à filosofia crítica como momento de negação do dado, necessário à realização do real racional. Ao se debruçar sobre a possibilidade da transformação social no século XX, onde não está mais presente a visão heroica do proletariado, Marcuse pretende avaliá-la à luz das modificações históricas, econômicas, políticas e sociais desse século, buscando a solução para seus impasses mediante a atualização das categorias da tradição revolucionária hegeliano-marxista, que traz para o centro da política a questão dos direitos sociais e dos interesses da massa.

Ao contrário, para Arendt, a revolta advinda das massas, submetidas ao império absoluto da necessidade, só pode ter efeito destrutivo e desencadear o terror, em razão tanto da imprevisibilidade inerente ao uso da violência quanto da sua condição social de aguda miséria que as transforma em força desumanizadora. Dessa forma, o reino da liberdade só pode existir na esfera política, da qual não podem fazer parte aqueles que estão presos às necessidades materiais. Recusando a tradição hegeliano-marxista, ela se inscreve em uma outra tradição, tendo como referência central os pressupostos de Tocqueville na leitura das grandes revoluções.

2
TOCQUEVILLE: A CRÍTICA À REVOLUÇÃO FRANCESA E A DEFESA DA DEMOCRACIA NA AMÉRICA

Quem procura na liberdade outra coisa que
ela própria foi feito para a servidão.

Tocqueville

Em seus livros mais importantes, *A democracia na América* e *O Antigo Regime e a Revolução*, Tocqueville, nostálgico do "mundo vencido pela Revolução Francesa", deparando-se com a "inevitável marcha para a igualdade", traz para o centro de seu pensamento o esforço incessante de atrelá-la à concepção aristocrática de liberdade. A nosso ver, o próprio subtítulo da obra em que analisa a "Revolução Americana", *leis e costumes*, traduz seu objetivo de impedir o total desaparecimento do Antigo Regime, por meio de uma legislação e da manutenção dos valores inerentes ao mundo aristocrático, ameaçado com o avanço da igualização de condições. Embora defenda a democracia na América, está a todo momento apontando para seus defeitos ou abusos. Ele aceita sua existência como um fato histórico consumado, pensando apenas em corrigi-la, ou está denunciando-a como um governo que deve ser extinto? Nas suas palavras, desvela-se seu apreço ao consentimento do povo ao domínio dos nobres inerente à "ordem imutável da natureza":

> Não tendo concebido a ideia de outro estado social além do seu, não imaginando que pudesse igualar-se a seus chefes, o povo recebia as benfeitorias deles e não lhes discutia os direitos. Amava-os quando eram clementes e justos, submetiam-se sem custo e sem baixeza a seus rigores, como se fossem males inevitáveis que o braço de Deus lhe enviara. Aliás, o uso e os costumes haviam estabelecido limites à tirania e fundado uma espécie de direito no próprio âmbito da força. (Tocqueville, 1998, p.13)

A seu ver, na América consegue-se canalizar, por meio do direito, da religião, das instituições e dos costumes, as paixões[1] características do "estado social democrático", pois, nesse país, os resultados da revolução são obtidos sem passar pelas "agitações e desordens de um combate", sendo respeitados os limites naturais das relações sociais, mediante a manutenção dos valores nobres, transformando-os em leis. A temática romântica e conservadora dos costumes do povo é enfatizada em contraposição ao pensamento revolucionário francês que, pautado na mudança radical das condições sociais existentes, acentua os aspectos volitivos das individualidades, pondo em xeque tudo aquilo que é inevitavelmente produzido pelo tempo e pela tradição.

Para Tocqueville, existem diferentes respostas dadas pelos homens aos mesmos problemas, ou seja, nesse caso, os americanos, por serem mais moderados, atingem a estabilidade política e o consenso, enquanto na França há o perigo permanente do despotismo em razão da instabilidade das suas instituições. A defesa da democracia política americana se faz aí, em detrimento da democracia social, permanentemente vinculada ao caráter tirânico dos governos revolucionários.

Essa questão está intimamente relacionada com o complexo binômio igualdade-liberdade, perante o qual, como membro destaca-

---

1 Tocqueville está aludindo às paixões advindas da democracia na França — a impaciência de seu destino, a inquietude da promoção, a inveja de quem está por cima —, responsáveis pela destruição de todos os costumes e instituições (Tocqueville. 1998, p.16).

do da tradição liberal, Tocqueville, privilegiando o segundo termo, explicita sua concepção de democracia dissociada da ideia de abolir a desigualdade das condições: sistema de governo calcado fundamentalmente na criação de "instituições políticas" ou de "costumes nacionais democráticos" estaria sendo posto em risco pela Revolução Francesa, que marcha ao acaso por priorizar a questão "material". Em suas palavras:

> Nunca os chefes de Estado pensaram em preparar o que quer que fosse para ela; ela se fez apesar deles ou sem que soubessem. As classes mais poderosas, mais inteligentes e mais morais da nação não procuraram apoderar-se dela, a fim de dirigi-la. Portanto, a democracia foi abandonada a seus instintos selvagens; cresceu como essas crianças, privadas dos cuidados paternos, que se educam sozinhas nas ruas de nossas cidades e que da sociedade só conhecem os vícios e as misérias. Pareciam ainda ignorar sua existência, quando ela tomou de súbito o poder ...

> Daí resultou que a revolução democrática realizou-se no material da sociedade, sem que se fizesse, nas leis, nas ideias, nos hábitos e nos costumes, a mudança que teria sido necessária para tornar essa revolução útil. (ibidem, p.12-3)

Tocqueville está aqui não apenas rechaçando a entrada das massas na política, mas mostrando que tal acontecimento só pode redundar em terror. Nesse sentido, sua argumentação desconsidera que as classes "mais poderosas", "mais inteligentes", "moralmente superiores" e "talentosas" são incapazes de se apoderar da democracia, nesse momento, a fim de imprimir-lhe uma direção institucional. Por outro lado, como é possível encontrar justificativas para o fato de as massas "frágeis", "selvagens", "imaturas", "imorais" conduzirem a revolução? Parece que de seu ponto de vista ocorre aí uma perversão dos limites naturais da ordem social hierárquica pautada na separação entre o domínio político e a esfera material.

A denúncia, central em Tocqueville, das "ambições desenfreadas" provocadas pela "paixão da igualdade", que trazem um grande perigo às "democracias", é herdada por Arendt, principalmente quando extrapolam para o campo da liberdade, até então totalmente vinculado à esfera política. Com efeito, a abdicação da liberdade em face dos "ditames da necessidade" só pode evoluir com o concurso de crimes e criminosos (Arendt, 1990, p.73). Podemos notar nessas argumentações a defesa da Revolução Americana, calcada na implantação da liberdade e no estabelecimento de instituições políticas duradouras, em detrimento da Revolução Francesa, desencadeada pela questão social.

Dessa forma, a Revolução Francesa, segundo Arendt, por abrir as portas da política às camadas inferiores da população, solapa os fundamentos da liberdade, enquanto, ao contrário, na América, os fundadores da República, por sua "superior sabedoria", representam e constituem politicamente uma coletividade em que "o tenebroso espetáculo da miséria humana e as vozes fantasmagóricas da pobreza abjeta" (ibidem, p.75) jamais penetram no campo político, no qual os homens de ação estão à frente do processo que tem início na declaração da independência, e culmina com a elaboração da Constituição. Podemos notar a seguir como Arendt se aproxima dos pressupostos de Tocqueville, particularmente no que diz respeito à questão social. Para ambos os autores, o reino da necessidade deve estar totalmente desvinculado da esfera política, esfera da excelência; e quando essa separação deixa de ser respeitada, como no exemplo da entrada das massas na Revolução Francesa, momento em que é posta em xeque a "natural" existência da pobreza, apenas haverá como saldo a violência e a destruição.[2] A questão de fundo segundo Arendt é que nesse caso a revolução deixa de voltar-se para a fundação da liberdade a fim de buscar a libertação do homem de seu sofrimento e da miséria, trazendo a compaixão para o interior da política:[3]

---

2 Arendt recorre com entusiasmo à tradição grega que exclui da política a violência, relegando-a a um estado pré-político, muito provavelmente à barbárie (Arendt, 1993, p.35-6).

3 Arendt analisa os acontecimentos do século XVIII, criticando o pensamento de Rousseau e a prática de Robespierre, sublinhando que aquele foi o responsável pela introdução da compaixão na teoria política, enquanto este a tornou pública por meio de sua retórica revolucionária (cf. Cavalcante, 2001, p.82).

... Nenhuma revolução jamais resolveu a "questão social", libertando os homens do estado de necessidade ... E embora todos os registros das revoluções passadas demonstrem, *sem sombra de dúvida*, que *todas as tentativas para resolver a questão social com meios políticos levaram ao terror*, e que é o terror que condena as revoluções à perdição, dificilmente pode-se negar que é quase impossível evitar esse equívoco fatal, quando uma revolução irrompe sob as circunstâncias de pobreza do povo ... (Arendt, 1990, p.88-9, grifos nossos)

Nota-se um dogmatismo nas expressões grifadas nesta citação, demonstrando a desconsideração de Arendt pelos acontecimentos históricos, e, se, por um lado, ela atribui à participação da massa na Revolução Francesa o terror político, por outro ela enaltece a Revolução Americana sem fazer alusão ao fato de que, nela também, os problemas sociais são resolvidos por meios institucionais repressivos, uma vez que, por exemplo, a Constituição proibia o Congresso de interferir no tráfico de escravos, atribuindo-lhe, no entanto, o poder de acabar com as rebeliões daqueles, devendo capturar os fugitivos e processá-los na corte federal (Kramnick, 1993, p.25). Nesse sentido, cai por terra seu argumento de que se a revolução for conduzida por motivações superiores, como na América, não são necessárias medidas violentas, pois, mesmo quando a escravidão, anteriormente inscrita na Constituição, é abolida no final da guerra civil por meio da 13ª emenda, de 1865, os sulistas negros são forçados a entrar num sistema de servidão em alguns aspectos muito pior. Eles continuam sendo cidadãos de segunda classe, deixando de servir aos interesses dos senhores de escravos para ser submetidos aos dos "barões do norte" (Lazare, 1998, p.19-20).

Essa postura aristocrática de Arendt, ao defender que há uma esfera da excelência, que é a política, desconectada das questões econômico-sociais, retoma o pensamento grego e aponta para o profundo "erro" de interpretação contido na tradução latina de "político" como "social", que acarreta o deslocamento, na era moderna, da liberdade inerente ao espaço público para o mundo econômico. Há, assim, concomitantemente, a transformação da força e da violência em monopólio do governo, entendido até então como o lugar onde os livres e iguais, por não terem que se ocupar com as questões materiais, dedicavam-se às decisões políticas por meio do diálogo e da persuasão (Arendt, 1993, p.40).

Arendt retoma o pensamento dos antigos[4] com o intuito de contrapor o econômico, entendido como a vida do indivíduo no sentido da sobrevivência material da espécie, ao domínio político — o lugar da liberdade. Assim, ela recupera a concepção aristotélica segundo a qual dentre todas

> ... as atividades necessárias e presentes nas comunidades humanas, somente duas eram consideradas políticas e constituintes do que Aristóteles chamava de *bios politikos*: ação (*praxis*) e discurso (*lexis*), dos quais surge a esfera dos negócios humanos ..., que exclui tudo o que seja apenas necessário ou útil. (ibidem, p.34)

Nesse sentido, a vida política é concebida como aquela que contém as mais altas capacidades humanas, voltada a governar a esfera dos "negócios humanos" em detrimento daquelas atividades atreladas ao reino da necessidade. Daí surge todo o sentimento de perda com os novos significados dados à igualdade e à liberdade a partir da história das revoluções modernas que, ao buscar em algo totalmente novo, acabam por deixar escapar a essência própria da política. Essa argumentação encontra-se fortemente presente nas *Reflexões sobre a Revolução Francesa*, de Burke, que tem por objetivo evitar, em 1790, na Inglaterra, o perigo de "infecção" proveniente da Revolução Francesa, opondo-se tanto aos meios como aos fins desse "tipo de democracia" e a seu "espírito de inovação", expresso por manifestações violentas, por "um espírito bem calculado para derrubar governos, mas completamente incapaz para aperfeiçoá-la" (O'Brien, 1982, p.7), ameaçando os princípios da "reforma segura e verdadeira".

---

4 Arendt volta-se também para a tradição grega em alguns de seus escritos que são publicados postumamente (ver Arendt, 1999c, p.47-8).

Em seu livro *A Condição Humana*, Arendt, ao debruçar-se sobre a expressão *vita activa*,[5] que designa as três atividades humanas fundamentais — labor, trabalho e ação —, o faz no sentido de enaltecer a esfera política em detrimento do reino da necessidade. Para ela, o

> ... labor assegura não apenas a sobrevivência do indivíduo, mas a vida da espécie. O trabalho e seu produto, o artefato humano, emprestam certa permanência e durabilidade à futilidade da vida mortal e ao caráter efêmero do tempo humano. A ação, na medida em que se empenha em fundar e preservar corpos políticos, cria a condição para a lembrança, ou seja, para a história. (Arendt, 1993, p.16-7)

Arendt posiciona-se de forma totalmente contrária à crença de que por meio do labor e do trabalho — indispensáveis à manutenção da vida — seja possível vislumbrar a "excelência" destinada à política, única instância capaz de "transcender a mortalidade terrena" pela realização de "um mundo comum".

A tradição de pensamento que admite como naturais as desigualdades sociais realmente exclui da política os indivíduos sujeitos à necessidade, embora reconheça que os "livres e iguais" deles dependem para poder exercer sua atividade de excelência. Arendt herda dessa tradição o conceito aristocrático de liberdade no sentido de que ela

> ... onde quer que tenha existido como realidade tangível, sempre foi especialmente limitada. ... A liberdade, num sentido positivo, somente é possível entre iguais; a própria igualdade não é, de forma alguma, um princípio universalmente válido, porém, mais uma vez, aplicável apenas com restrições e até mesmo dentro de limites espaciais. (idem, 1990, p.219-20)

Dessa forma, sendo a política o lugar restrito do embate das diferentes opiniões entre "iguais", está excluída a concepção de homem como postulado universal. Nota-se, aí, também, a confluência entre a argumentação arendtiana e a de Tocqueville, quando este defende

---

5 Wagner e Lafer analisam a concepção de Arendt sobre a *vita activa*: labor, trabalho e ação (Wagner, 2000, p.52-74; Lafer, 1988, p.205-6).

60 MARIA RIBEIRO DO VALLE

a liberdade aristocrática, justificando, assim, a desigualdade como um corretivo para os vícios da democracia (Tocqueville, 1997, p.47).

Para Tocqueville (1998, p.39), a liberdade aristocrática prospera nos Estados do norte, colonizados pelas classes mais nobres, por indivíduos que tinham apenas a necessidade intelectual, ao contrário do que ocorre no sul, onde as classes mais inferiores da população, "gente sem recursos e sem modos",[6] introduzem a escravidão que "... desonra o trabalho; ela introduz o ócio na sociedade e, com este, a ignorância e o orgulho, a pobreza e o luxo. Ela debilita as forças da inteligência e entorpece a atividade humana" (ibidem, p.39). No norte, além de a lei servir de garantia para prevenir e satisfazer as necessidades sociais,[7] há a igualdade entre as fortunas[8] e entre as inteligências, condição imprescindível para o estabelecimento da liberdade. Encontramos mais uma vez semelhanças com a interpretação de Arendt, segundo a qual os americanos estavam preparados para assumir o poder por sua inabalável fé na elaboração de uma Constituição livre e pela prévia abolição da pobreza absoluta que permitiu a mudança na estrutura de domínio político sem qualquer interferência da questão social (cf. Arendt, 1990, p.19).

O mito da "inspiração divina" da Constituição americana de 1787 parece ser retomado como verdade absoluta por Arendt, camuflando uma controvérsia que envolve todos os Estados da confederação, e representa a difícil vitória de uma interpretação da Revolução Americana sobre outra. Se para grande parte dos americanos o seu significado gira em torno da independência, para vários outros

---

6 Arendt (1990, p.110-1), também, tendo como referência a experiência americana, advoga que os "ideais nascidos da pobreza" se opõem à liberdade.

7 Tocqueville (1998, p.49), ao afirmar o poder da lei para o controle das "necessidades sociais", o faz em contraponto não apenas ao que acontece no sul da América, mas também na França.

8 Nessas ideias de Tocqueville parece ser recuperada a recusa de Burke em aceitar qualquer medida da Revolução Francesa que ameace a propriedade, pois, uma vez dividida, ela estimula a cobiça e a inveja ausentes nos possuidores de riqueza, de família e da distinção inerentes à possessão hereditária. Estes, sim, são considerados por ele como responsáveis pela perpetuação da sociedade (Burke, 1982, p.82-3).

ela é a expressão do repúdio das formas tradicionais de governo, especialmente das elites que estão à frente da vida política e social da América colonial.

Um ideal mais democrático dominava o cenário durante o período conhecido por "política da liberdade", de 1776 a 1788, quando entraram em vigor os Artigos da Confederação em que "homens novos", bastante "humildes" chegavam ao poder desenvolvendo programas igualitários, falando em nome dos pequenos agricultores e pelas camadas endividadas, tendo como principal ponto de apoio os legislativos estaduais populares. Nesse momento o povo resistia em ceder ao governo central o poder de regular o comércio e cobrar impostos, uma vez que a Revolução tinha sido feita exatamente contra tal domínio exercido pela Grã-Bretanha. Além da ausência de um braço executivo, não existia nenhum poder judiciário central. Merece destaque também, nesse período, que todos os senados, apenas de caráter secundário e consultivo, eram eleitos pelo povo em geral, capaz de selecionar os melhores em seu próprio meio. Muitos "democratas radicais" defendiam que só o povo podia realmente legislar quer por meio de comitês distritais ou convenções, quer em multidões, reservando para si o direito de fazer e julgar todas suas leis. Dessa forma, o sufrágio foi ampliado na maioria dos Estados, e cerca de 70% a 90% dos adultos do sexo masculino tornaram-se elegíveis, causando um acréscimo de 40% no seu comparecimento às eleições. Na maioria dos Estados, as exigências de propriedade e recursos para ocupar cargos foram reduzidas.

Esses fatos causaram grande oposição à entrada do povo na política, liderada pelos Federalistas, expoentes tradicionais da vida americana, contrários à ambição social e à politização do homem comum propiciadas pela Revolução. Eles recusavam terminantemente a natureza redistributiva das legislações estaduais que ameaçavam diretamente os interesses econômicos adquiridos e os direitos privados, especialmente pela grande quantidade de violações públicas do direito da propriedade privada. Para eles, a "política da liberdade", em razão dos excessos do povo em seu exercício, leva à iniquidade, à injustiça e à anarquia, em suma, à degeneração da autoridade legal em tirania. É contra ela e em nome da estabilidade na organização do governo que os Federalistas travaram uma grande batalha conhecida como a "Grande Discussão Nacional" contra os antifederalistas, até conseguirem aprovar a Constituição Federal de 1787.[9]

A omissão desse período da Confederação americana na argumentação de Arendt, centrada no enaltecimento da Constituição Federalista, republicana e não democrática, revela claramente a proximidade de sua argumentação à dos federalistas, empenhados na exclusão do povo, ou seja, na retirada da questão social da esfera política. Torna-se explícito que o mascaramento das profundas divergências características da origem da República americana permite à autora contrapor-se ao ideal dos revolucionários franceses de mudar a tessitura da sociedade o da reforma restrita à esfera política – a seu ver, único fundamento da verdadeira revolução. A sua interpretação da Revolução Americana visa à defesa da "adorável igualdade" do Novo Mundo, em contraposição às revoluções sociais europeias (ibidem, p.39-40).

Para Arendt, a condição de miséria nunca pode produzir "gente de espírito livre", pelo fato de expressar a condição de sujeição à necessidade. Ela não é feita para gerar revoluções, mas apenas acaba por levá-las à ruína. Aqui nos deparamos novamente com a concepção arendtiana de separação do domínio econômico do político, uma vez que a tentativa de traduzir condições materiais em fatores políticos, ou melhor, dar ênfase à mudança das formas de governo para a entrada do povo no domínio público, só pode levar a revolução à falência (ibidem, p.72).

Arendt reitera que a meta da revolução deve estar restrita ao campo político, à determinação da forma de governo, e não vinculada à esfera do social, que tem por objetivo a libertação da pobreza e a felicidade do povo. A questão de fundo que emerge aí é o fato de ela diferenciar o agir violento – como o campo da força – da ação política

---

9 Sobre o período pós-revolucionário americano, ver Kramnick, 1993, p.1-20.

(Arendt, 1999c, p.125-6). Para ela, a política flui nos espaços livres do pensamento e do diálogo que, ocupados por aqueles que vivem da "mão para a boca", se transformam no lugar da barbárie (cf. Arendt, 1990, p.90).

Similarmente, Tocqueville, rechaçando o processo revolucionário,[10] vinculado à necessidade e à violência, faz uma virulenta crítica aos "homens de letras", seus compatriotas, que, embora não tenham nem posição, nem honrarias, nem riqueza, nem poder, tornam-se os principais homens políticos de seu tempo, exercendo terrível influência nos rumos da Revolução Francesa, pois sua paixão pela "ideia da igualdade de condições" acabou por contaminar e inflamar até mesmo os ociosos, as mulheres e os camponeses, transformando-se em assunto cotidiano (Tocqueville, 1997, p.144). O descontentamento dos escritores em relação aos negócios humanos os levou a propor a transformação da ordem social existente seguindo apenas seus ideais (ibidem).

Essa argumentação já estava presente na referência que Edmund Burke fazia à "psicologia" dos revolucionários franceses, dizendo não se sentir surpreso com o fato de que

> ... reputando cada coisa da Constituição e do Governo de seu país, seja a Igreja, seja o Estado, como ilegítimo e usurpador, ou, na melhor das hipóteses, com vã zombaria, eles admirem o estrangeiro com entusiasmo ardente e apaixonado. Enquanto são possuídos por essas noções, é inútil tentar falar-lhes de seus ancestrais, das leis fundamentais de seu país, das formas fixas de uma Constituição, cujos méritos foram confirmados pelo sólido testemunho da longa experiência e por crescentes força popular e prosperidade nacional. Desprezam a experiência, como se fosse sabedoria de iletrados; quanto ao resto, estão a explorar uma mina que explodirá de uma só vez com todos os exemplos da antiguidade, todos os precedentes, todas as cartas e todos os atos parlamentares. (Burke, 1982, p.87-8)

---

10 Aron aborda a aproximação feita por Tocqueville entre revolução e violação da legalidade (ver Aron, 1987, p.240).

64 MARIA RIBEIRO DO VALLE

Tocqueville busca explicações para a ascendência política dos escritores do século XVIII, que, como vimos, se tornaram os verdadeiros dirigentes da grande corrente oposicionista empenhada em derrubar todas as instituições sociais e políticas do país. Para ele, a sua ingenuidade e inexperiência, por um lado, devia-se ao fato de a nação francesa desconhecer "o jogo das instituições livres", e, ao mesmo tempo, por ser a nação mais culta e amante do belo espírito, deixava que a literatura ocupasse o lugar destinado aos negócios públicos. Aqui é feito, então, um contraponto com o sucesso dos ingleses, que colonizaram a América por estarem acostumados cotidianamente com a administração de seu país, sabendo mudar de modo gradativo as instituições políticas, em particular a legislação, sem, contudo, destruí-las,[11] enquanto na França o que imperou foram as paixões políticas que, uma vez expressas pelos homens de letras, penetraram em todas as classes, atingindo até mesmo as camadas mais baixas da população.[12] Imbuídas da crença revolucionária, não passavam de "... ideias hostis ao indivíduo, opostas aos direitos particulares e amigas da violência" (Tocqueville, 1997, p.175).[13] Podemos notar, também, que para Arendt os *hommes de lettres*, impregnados pela compaixão e sem qualquer experiência política prévia, acabam por incitar o ódio dos oprimidos, uma das principais causas para levar o processo revolucionário à ruína (Arendt, 1990, p.99-100).

---

11 Essa argumentação de Tocqueville parece estar diretamente enraizada no pensamento de Burke, que, ao defender a Constituição da Inglaterra, "perfeitamente" adequada a todos os propósitos inerentes à representação de um povo, tem o propósito de condenar as atitudes dos revolucionários franceses que contestam a legitimidade dos poderes civis britânicos (ver Burke, 1982, p.86).

12 Barbu analisa a argumentação de Tocqueville ante o papel político dos "homens de letras" no contexto da Revolução Francesa (ver Barbu, 1997, p.16; 21).

13 Burke afirma ser incalculável a perda resultante da supressão dos antigos costumes pela Revolução Francesa, em particular com os procedimentos da Assembleia Nacional a partir das Jornadas de Outubro de 1789, criticando tenazmente os seus inspiradores por sua liberdade não ser liberal, seu humanismo ser "selvagem e brutal" e sua ciência significar "ignorância presunçosa", sendo "... atirada ao lodo e lançada aos pés de uma ignóbil multidão" (Burke, 1982, p.102).

A VIOLÊNCIA REVOLUCIONÁRIA EM HANNAH ARENDT E HERBERT MARCUSE   65

O que está em pauta é a defesa da reforma das instituições políticas associadas à liberdade em contraposição ao ódio violento à desigualdade e à paixão pela libertação que, segundo Arendt, acabaram por levar os franceses a não se contentar com que seus negócios fossem mais bem dirigidos e a acreditar que eles próprios podiam tomar a sua frente. A autora está defendendo aqui a igualdade, identificando-a com diversidade, ou seja, a sobreposição de algumas classes a outras, seguindo a "ordem natural das coisas", na esteira dos liberais conservadores dos séculos XVIII e XIX.[14] O elogio da diversidade, da tolerância, em todos os planos, no cultural, no político, como também no dos costumes e no das ideias, aparece relacionado com a necessidade da manutenção da desigualdade social. Marcuse, ao contrário de Arendt, em "Tolerância Repressiva", ao defender o fim da desigualdade institucionalizada (a seu ver, compatível com a igualdade constitucional), contrapõe-se aos argumentos liberais e particularmente aos de Stuart Mill, pelo fato de este impor uma contundente restrição à tolerância na medida em que ela deveria ser aplicada apenas "a seres humanos de faculdades maduras". Na análise de Marcuse, Stuart Mill, ao afirmar que a liberdade como princípio só pode ser efetivada depois de a humanidade tornar-se capaz de melhorar pela discussão livre e igual na praça do mercado de ideias e bens, legitima, assim, também o despotismo, desde que este tenha como finalidade a obtenção de uma melhor condição para os bárbaros (cf. Marcuse, 1970, p.90-2).

Arendt, por sua vez, em linha de continuidade com Tocqueville, acaba por dissociar a pobreza, a necessidade e a escassez da exploração e da desigualdade, raciocínio que leva à leitura dessas relações sociais como se fossem fenômenos pré-políticos e naturais. Nesse sentido, Tocqueville tece uma contundente crítica à revolução: não

---

14 Encontramos essa argumentação tenazmente defendida por Burke contra os franceses revolucionários: "... aqueles que tentam nivelar nunca igualam. Em todas as sociedades compostas de diferentes classes de cidadãos é necessário que algumas delas se sobreponham às outras. Os niveladores, portanto, apenas mudam e pervertem a ordem natural das coisas; sobrecarregando o edifício social ao colocar no ar o que a solidez do edifício exige seja posto no chão (Burke, 1982, p.81).

é mais feita com o apoio do povo, mas pelas suas "próprias mãos", destruindo a ordem natural da sociedade que podia ser mais bem conservada por um déspota (cf. Tocqueville, 1997, p.159-60). No entanto, não questiona o fato de não ter sido este último o condutor do processo revolucionário.

Nas seguintes palavras de Arendt podemos encontrar a mesma concepção negativa dos "ideais nascidos da pobreza", totalmente distintos daqueles que inspiram a "fundação da liberdade", pois, para ela

> ... a abundância e o consumo sem limites são os ideais dos pobres: são a miragem no deserto da miséria. ... O anseio oculto dos pobres não é "a cada um segundo suas necessidades", mas sim "a cada um segundo seus desejos". E embora seja verdade que a liberdade só pode alcançar aqueles cujas necessidades foram satisfeitas, não é menos verdade que ela fugirá daqueles que são inclinados a viver em função de seus desejos. (Arendt, 1990, p.111)

Arendt desconsidera totalmente os "ideais nascidos da pobreza", vinculando-os à corrupção política, uma vez que só os homens livres da necessidade não são traídos pelo desejo de enriquecimento, sendo este mais um argumento, sem sustentação histórica, para que as massas sejam mantidas fora da esfera política (ibidem, p.201).

Tocqueville, ao comparar a democracia com a aristocracia, defende explicitamente essa segunda forma de governo pelo fato de os ricos – libertos do reino da necessidade – estarem à frente dos negócios públicos. Sendo assim, eles desejam apenas o poder, não havendo perigo para a emergência da corrupção. Em contrapartida, no mundo democrático, os governantes, por serem pobres e terem ainda sua "fortuna por fazer", são mais suscetíveis de se corromper (Tocqueville, 1997, p.159-60).

> O povo nunca penetrará no labirinto obscuro do espírito cortesão; sempre descobrirá com dor a baixeza que se oculta sob a elegância das maneiras, o requinte dos gostos e as graças da linguagem. Mas roubar o tesouro público, ou vender a preço de dinheiro os favores do Estado, é coisa que primeiro o miserável compreende e pode gabar-se de fazer igual, chegando a sua vez. (Tocqueville, 1998, p.257)

A VIOLÊNCIA REVOLUCIONÁRIA EM HANNAH ARENDT E HERBERT MARCUSE   67

Arendt, por sua vez, embora defenda "o governo dos melhores" como a característica marcante de uma república, uma forma aristocrática, portanto, admite que dele podem fazer parte representantes de todas as esferas sociais, desde que se distingam pelo amor e dedicação à liberdade pública. Há aqui uma grande contradição, pois, como sustentar o fato de que os homens públicos poderiam advir de todas as classes, se aquelas presas ao reino da necessidade não têm tempo nem a "superior sabedoria" para tanto? Seus pressupostos estão em consonância com as implicações aristocráticas e "sacralizadas" da Constituição americana de 1787, que autoriza os Estados a determinar quem pode e quem não pode votar para a Casa dos Representantes, privilegiando a vitória dos "primeiros homens" quer seja do ponto de vista da "fortuna", quer de sua "influência", e restringindo a possibilidade de que a grande massa do povo, das classes médias e baixas possam concorrer aos cargos públicos em razão dos processos eleitorais indiretos estabelecidos (cf. Kramnick, 1993, p.61):

As alegrias da felicidade pública e as responsabilidades dos negócios públicos se tornariam ... o quinhão daquela minoria, advinda de todas as esferas sociais, que anseia pela liberdade pública e que não pode ser "feliz" sem ela. ... É certo que tal forma "aristocrática" de governo representaria o fim do sufrágio universal, tal como o entendemos hoje ...[15] Entretanto, essa exclusão da política ... não dependeria da sanção de um organismo externo; se os que pertencem a essa esfera são autoescolhidos, os que a ela não pertencem são autoexcluídos. Essa autoexclusão, longe de ser uma discriminação arbitrária, daria, de fato, consistência e realidade a uma das mais importantes liberdades negativas[16] de que desfrutamos desde o final do mundo antigo, qual

---

15 Arendt (1972a), em seu livro *Entre o Passado e o Futuro*, critica os "homens de letras" europeus justamente por considerá-los presos a sua vida particular, sem qualquer inclinação para os negócios públicos.

16 Encontramos em Tocqueville alguns trechos que mostram grande influência no pensamento de Arendt com relação à liberdade negativa: "Muita gente imagina que esse instinto secreto, que leva em nosso país as classes inferiores a se afastar

seja, a liberdade em relação à política, desconhecida de Roma ou de Atenas, e que é, politicamente, talvez a parcela mais relevante de nossa herança cristã. (Arendt, 1990, p.223)

Essa defesa da autoexclusão por Arendt camufla, portanto, os pressupostos teóricos da tradição política por ela retomada, pautados na exclusão dos miseráveis da esfera das decisões públicas. Aqueles que se retirarem ou forem retirados do corpo de pares podem vir a ameaçar a ordem social, agindo como criminosos (ibidem, p.73). Ao advogar em defesa de um mundo comum, não deixa de apontar para a necessidade da exclusão dos homens ligados ao labor e ao trabalho, fato que legitima uma relação de dominação. Mesmo levando em consideração a possibilidade, por ela admitida, de que alguns homens pobres possam ascender ao corpo dos eleitos, isto só é admitido desde que não signifique, de forma alguma, a emergência do perigo da tirania da maioria ou da soberania popular.

Assim, a crítica à Revolução Francesa por meio da retomada recorrente da Revolução Americana mostra que a preocupação central de Arendt é a de como estabelecer e fundar organismos políticos, e não a soberania popular. Ela enaltece a elaboração da Constituição americana e os seus fundadores por legitimarem o "governo da maioria reflexiva", liderado por aqueles políticos que resistem aos sentimentos "irrefletidos", "insensatos" e "injustos" (Kramnick, 1993, p.42) do povo, retomando, para tanto, a "versão horizontal" do contrato em lockeano,[17] edificado sobre a ideia de consentimento, que dispensa quase que totalmente a noção de governantes e governados, em que "... os agentes reafirmam sua disposição de perpetuar aquele espaço que surgiu entre eles por meio da pro-

---

tanto quanto podem das superiores na direção dos negócios, só se revela na França. É um erro: o instinto de que falo não é francês, é democrático; as circunstâncias políticas puderam lhe dar um caráter particular de amargor, mas não o fizeram nascer" (Tocqueville, 1998, p.232).

17 Sobre a defesa da versão do pacto horizontal de Locke presente na Constituição norte-americana, ver Arendt, 1999g, p.78-82.

A VIOLÊNCIA REVOLUCIONÁRIA EM HANNAH ARENDT E HERBERT MARCUSE **69**

messa a se obrigarem reciprocamente aos compromissos assumidos" (Drucker, 2001, p.204). Lafer, ao chamar a atenção para tais aspectos do ideário de Arendt (cf. Lafer, 1988, p.228-9), embora aponte para a presença da defesa da manutenção do direito das minorias, subestima, a nosso ver, o aspecto mistificador do discurso arendtiano, pois, mesmo sendo contrária à "vontade geral" e aparentemente favorável à "pluralidade", ela não apresenta nenhuma pista de como na prática ocorre a representatividade daqueles que vivem para suprir as necessidades da existência humana. Se Arendt defende a delimitação de um espaço, de um campo político, em que devem imperar os interesses que forem frutos do consentimento e da persuasão, está ao mesmo tempo descartando o conflito inerente ao jogo político que ameaça ser trazido à cena se os pobres, prisioneiros do reino da necessidade, puderem "discursar".[18] Por isso, o conflito é rechaçado da esfera política,[19] fato que nos permite concluir que apenas os pertencentes ao campo da excelência podem ser ouvidos e somente a eles é dada a possibilidade de ver seus projetos realizados, de tomar decisões em nome de todos. Configura-se aí, mais do que a garantia para as pluralidades sociais, a defesa de uma

---

18 Para Aristóteles, referência central no pensamento de Arendt, os excluídos da *polis* eram aqueles que, embora dotados da capacidade da fala, não tinham habilidade para discursar (cf. Arendt, 1993, p.36).

19 Arendt parece rechaçar a violência na esfera política, mas aceitá-la sem problemas na esfera da sociedade. Se ela quer defender os "livres e iguais" está ao mesmo tempo propondo a exclusão dos transgressores da ordem. Estes são catalogados por ela como sendo os autores da violência, quando de fato podem ser vistos como vítimas quando retomamos a tradição hegeliano-marxista. Ao advogar por sua eliminação da política, Arendt não pode ser ela mesma considerada uma legitimadora da violência? Carvalho Franco, por meio da análise do discurso de Locke no Segundo Tratado, tece argumentações que podem contribuir para esta nossa análise: "... o Estado de natureza concebido por Locke é internamente homogêneo e pacífico, mas extremamente violento e implacável na execução da lei, para fora do grupo: exprime uma consciência de classe moderna reelaborando as milenares recomendações de beneficiar os pares e prejudicar os inimigos, par de conceitos ininterruptamente rejuvenescidos pelos mais conservadores teóricos da política" (Carvalho Franco, 1993, p.46-7).

única minoria que deve proteger se para não ser assaltada pelos desejos "egoístas" da maioria.[20]

Tocqueville, tecendo uma severa crítica à "onipotência da maioria",[21] característica da democracia americana, alerta para o fato de que se deixá-la seguir seus próprios desígnios, sem nenhum controle externo, ela poderá levar o governo facilmente ao despotismo.

> Se algum dia a liberdade vier a ser perdida na América, dever-se-á imputar essa perda à onipotência da maioria, que terá levado as minorias ao desespero e as terá forçado a apelar para a força material. Ver-se-á então a anarquia, mas ela chegará como consequência do despotismo. (Aron, 1987, p.304)

Arendt parece legitimar um mundo dividido e hierarquizado, opondo-se à transformação social, em defesa da reforma das instituições políticas, da necessidade de um "governo civilizado". Sua herança teórica vincula-se estreitamente à temática conservadora e aristocrática de Tocqueville, que acentua o perigo permanente do despotismo dos governos revolucionários, defendendo uma concepção de "democracia" pautada na estabilidade das instituições e dissociada da ideia de abolição das desigualdades sociais. A total recusa

---

20 Lafer também analisa a proximidade de Arendt a Tocqueville com relação à fragilidade das minorias perante a onipotência da maioria: "O consentimento e o direito de dissentir ensinaram aos americanos a grande arte da ação voluntária, como mostrou Tocqueville, que Arendt cita com entusiasmo. As minorias, nos EUA, se associam, ensina Tocqueville, para verificar o seu peso numérico e enfraquecer o império moral da maioria, e é por essa razão que a liberdade de associação se converteu numa garantia necessária contra a tirania da maioria − posicionamento com o qual Hannah Arendt se sente inteiramente afim na medida em que toda a sua reflexão afirma a importância da diversidade e exprime o horror ao 'um' da soberania e da vontade geral" (Lafer, 1988, p.229).

21 Aron, ao considerar também essa questão, aponta para o fato de que, segundo Tocqueville: "... toda democracia tende à centralização e, em consequência, tende a uma espécie de despotismo, que traz o perigo de degenerar no despotismo de um homem. A democracia comporta permanentemente o perigo de uma tirania da maioria. Todo regime democrático postula que a maioria tem razão; pode ser difícil impedir uma maioria de abusar da sua vitória, e oprimir a minoria" (Aron, 1987, p.221).

de Tocqueville à entrada das massas na política, o qual vivencia a Revolução Francesa, é corroborada por Arendt nos anos de 1960, inclusive com a mesma justificativa: a de que a intromissão dos deserdados no espaço público só pode redundar em terror. Com efeito, apenas os libertos do reino da necessidade devem fazer parte da esfera da excelência, a política. A liberdade e a igualdade confluem na concepção liberal conservadora, em que o "governo dos melhores" deve ser defendido da "onipotência da maioria".

PARTE II

POLARIZAÇÕES

3
HERBERT MARCUSE: EM NOME DA TRADIÇÃO HEGELIANO-MARXISTA

Para apreender tanto a concepção filosófica de Marcuse quanto seu posicionamento político ante a irrupção da violência revolucionária, a partir da segunda metade da década de 1960, torna-se imprescindível a análise de suas obras centrais – *Eros e Civilização* (1955) e *A Ideologia da Sociedade Industrial* (1964), pois nesses trabalhos o autor explicita sua opção teórica e seu incessante comprometimento com a transformação revolucionária, intrinsecamente relacionada com o papel da violência. Em *Eros e Civilização*, ao deparar-se com o "embotamento" dos indivíduos na sociedade contemporânea, encontra explicações psicossociais para a derrota das revoluções, ainda acreditando, contudo, que a partir da arte, da esfera lúdica e da literatura existe a possibilidade do rompimento com a repressão inerente ao capitalismo tardio, para a transformação da ordem vigente.

Embora *A Ideologia da Sociedade Industrial* seja o texto mais marcado pelo pessimismo quanto à possibilidade de transcendência da ordem estabelecida, talvez por isso mesmo nele se explicita mais o comprometimento do autor com a tradição revolucionária hegeliano-marxista, na busca do suporte teórico para questionar o "fechamento do universo político". E, por mais contraditório que possa parecer, é pelo "avesso", ou seja, pelo caminho inverso que este trabalho sustenta teoricamente as posições que Marcuse assumirá mais tarde, quando da emergência do movimento estudantil e das lutas de libertação do Terceiro Mundo. Tendo feito uma análise aprofundada do capitalismo tardio e de sua "total" dominação, Marcuse pôde vislumbrar, na conjuntura dos anos de 1960, a transgressão da sociedade existente. Em outras palavras, como ele dedica-se a investigar a ausência de oposição, a integração da classe trabalhadora − questões que instigam a busca por novos sujeitos da transformação social −, está ao mesmo tempo procurando quem poderia ocupar-lhes o lugar e, mais ainda, indagando como a própria repressão dos instintos, tendo um limite, pode a qualquer momento explodir contra seu opressor. Para que a agressividade contida, quando vier à tona, não se manifeste em explosões aleatórias de barbarismo, essas duas obras defendem, também, a canalização racional do uso da violência.

Marcuse recorre à tradição hegeliano-marxista,[1] bem como a uma "interpretação filosófica do pensamento de Freud",[2] para colocar em pauta a possibilidade da transformação social no interior do capitalismo tardio. Assim, torna-se fundamental a análise conjunta dos livros *Eros e Civilização* e *A Ideologia da Sociedade Industrial*, uma vez que o próprio autor afirma ser a tese defendida naquele mais completamente desenvolvida neste (Marcuse, s.d.a, p.15-6), no qual, de maneira contundente, admite sua inserção no horizonte teórico marxista − até então implícito, quer pelo fato de ter escrito esse livro em plena Guerra Fria, quer pelo fato de, naquele momento, o Instituto de Pesquisa Social estar deixando para trás os pressupostos marxianos.[3]

---

1 Kellner chama a atenção para a marcante presença da tradição hegeliano-marxista nos escritos de Marcuse (ver Kellner, 1998, p.62).

2 Podemos encontrar no manuscrito de Marcuse & Neumann, "Uma História da Doutrina da Mudança Social", a justificativa para o posterior aprofundamento, de Marcuse, dos conceitos psicanalíticos de Freud (ver Marcuse & Neumann, 1998a, p.140).

3 Kellner comenta o fato de que muitas das ideias de Marx estão presentes em *Eros e Civilização*, apesar de o grande teórico da revolução não ser uma vez sequer

A VIOLÊNCIA REVOLUCIONÁRIA EM HANNAH ARENDT E HERBERT MARCUSE   **77**

O início do questionamento da teoria freudiana pelo viés transformador de Marcuse — que procura nas próprias realizações da civilização repressiva as precondições para sua gradual extinção — está fundamentado nas seguintes indagações:

> A relação entre liberdade e repressão, produtividade e destruição, dominação e progresso, constituirá realmente o princípio de civilização? Ou essa [inter-relação] resultará unicamente de uma organização histórica específica da existência humana? Em termos freudianos, o conflito entre o princípio de prazer e o princípio de realidade será irreconciliável num grau tal que necessite a transformação repressiva da estrutura instintiva do homem? Ou permitirá um conceito de civilização não repressiva, baseada numa experiência fundamentalmente diferente de ser, numa relação fundamentalmente diferente entre homem e natureza, e em fundamentalmente diferentes relações existenciais? (Marcuse, s.b.d, p.28)

Para Marcuse, Freud parte do princípio de que o "homem animal" converte-se em "ser humano" por meio de uma transformação fundamental da sua natureza, afetando não só sua estrutura instintiva, mas também os "valores" — isto é, os princípios que governam a consecução dos anseios dos indivíduos (ibidem, p.33). Tal mudança é descrita como a transformação do "princípio de prazer" em "princípio de realidade", que impõe uma "transubstanciação" do próprio prazer, por sua incompatibilidade com as normas e as rela-

---

citado por Marcuse (ver Kellner, 1984, p.164). Kellner, em pesquisa recente, faz alusão tanto às divergências dentro do Instituto de Pesquisa Social quanto à intenção de seus principais membros de estarem, nos anos de 1940, tentando "encobrir as suas raízes marxistas". "... Possivelmente Marcuse e Neumann, totalmente dependentes de Horkheimer para receber auxílio do Instituto, temiam que Horkheimer e os outros achassem o projeto [que culminaria em uma teoria da mudança social para a nossa sociedade] 'político' demais e até 'marxista' (uma vez que pareciam privilegiar concepções marxistas de mudança social) em uma época que Horkheimer estava preocupado em encobrir as raízes marxistas do Instituto" (Kellner, 1998, p.35-7). Acreditamos estar, portanto, justificada a ausência de Marx nas referências bibliográficas de *Eros e Civilização*, apesar de podermos identificá-lo em grande parte das discussões travadas no texto.

ções estabelecidas – a lei e a ordem – da sociedade. Na reflexão de Marcuse são centrais tanto a constatação freudiana da eterna "luta pela sobrevivência" travada entre o instinto de vida (*Eros*) e o instinto de morte (*Thanatos*) – em que "a natureza" e a "civilização" participam de uma dinâmica ao mesmo tempo biológica e sociológica –, quanto o fato de a civilização ter progredido, até agora, como "dominação organizada" (ibidem, p.50). Assim, ao defender que a repressão – que impõe a modificação na estrutura instintiva do homem – é um fenômeno histórico, contesta Freud, a partir de sua leitura da teoria deste, pelo fato de que a vitória definitiva do princípio de realidade, por estar sempre em antagonismo com o princípio de prazer, não está garantida, tendo de ser o primeiro princípio constantemente reposto na "dinâmica da civilização" (ibidem, p.36-7).

Contra a constatação de Freud de que "uma civilização não repressiva é impossível", Marcuse afirma que a socialização e a repressão surgem historicamente, em contextos específicos, e são sujeitas à transformação social. Para tanto, introduz dois novos conceitos, a fim de contextualizar a repressão e o princípio de realidade na sociedade industrial avançada: o conceito de "mais repressão" e o "princípio de desempenho". O primeiro está vinculado à ideia de dominação entendida como a consolidação de um determinado grupo privilegiado que utiliza o progresso técnico, material e intelectual em seu benefício, preservando a escassez e a coação irracional a partir de controles dos instintos "acima" e "além" daqueles indispensáveis à associação dos homens (ibidem, p.53).

Para Kellner (1984, p.165), "... sob esta concepção está a noção de história da luta de classes, na qual a classe dominante expropria os meios de produção e força a desapropriação e a alienação do trabalho por meio da exploração da classe trabalhadora". Apesar de o aumento da produtividade ter permitido a diminuição da escassez, o "progresso" não deixa de ser controlado pelos grupos que desejam manter sua hegemonia econômica, produzindo, de fato, um aumento ostensivo da dominação. Dessa forma, "a mais repressão" está totalmente imbricada ao segundo conceito elaborado por Marcuse, o "princípio de desempenho", norte de toda a sociedade industrial

A VIOLÊNCIA REVOLUCIONÁRIA EM HANNAH ARENDT E HERBERT MARCUSE **79**

avançada, na medida em que "... sob o seu domínio, a sociedade é estratificada de acordo com os desempenhos econômicos concorrentes dos seus membros" (Marcuse, s.d.b, resultado, p.58).

Marcuse, ao defender que o trabalho forçado é de tipos específicos de dominação social, que tem como resultado a alienação do homem do processo produtivo, opõe se à argumentação de Freud de que toda organização humana

> necessita de *trabalho*, arranjos e iniciativas mais ou menos penosos para a obtenção dos meios de satisfação das necessidades. Enquanto o trabalho dura, o que, praticamente, ocupa toda a existência do indivíduo amadurecido, o prazer é suspenso e o sofrimento físico prevalece. E como os instintos básicos lutam pelo predomínio do prazer e pela ausência de dor, o princípio de prazer é incompatível com a realidade, e os instintos têm de sofrer uma arregimentação repressiva (ibidem, p.51).

E, por meio, das concepções de Marx – embora não cite as fontes – Marcuse atualiza os pressupostos freudianos, a partir de sua inserção no contexto socio-histórico da sociedade contemporânea, pautada cada vez mais pelos grilhões da produtividade alienada (ibidem, p.51;58).

Na teoria de Marcuse, a "alienação" é resultado de uma organização econômica na qual a eficácia dos controles sociais estabelecidos por meio de uma vida de "labuta e temor" não garante nenhuma possibilidade de "livre escolha", mas, ao contrário, instaura a heteronomia através da qual são reproduzidas espontaneamente as "necessidades superimpostas". Ao lançar mão da teoria da repressão de Freud, Marcuse agrega uma dimensão política da psicologia à análise marxiana,[4] argumentando que, sob a regra do princípio de desempenho, a alienação invade a consciência e penetra no corpo e na mente, em ações e pensamentos. Assim, é colocada em pauta a necessidade de um profundo questionamento do conceito de alienação, que assume novas características quando ...

---

4 Não podemos deixar de registrar que Marcuse rechaça a atribuição que lhe fazem de tentar encontrar a fórmula "Marx e Freud" (cf. Habermas, 1980, p.155).

80 MARIA RIBEIRO DO VALLE

os indivíduos se identificam com a existência que lhes é imposta e têm nela seu próprio desenvolvimento e satisfação. Essa identificação não é uma ilusão, mas uma realidade. Contudo, a realidade constitui uma etapa mais progressiva de alienação. Esta se tornou inteiramente objetiva. O sujeito que é alienado é engolfado por sua existência alienada. Há apenas uma dimensão, que está em toda parte e tem todas as formas. As conquistas do progresso desafiam tanto a condenação como a justificação ideológicas; perante o tribunal dessas conquistas, a "falsa consciência" [Marx, "O fetichismo da mercadoria", in s.d.g, p.79-93] de sua racionalidade se torna a verdadeira consciência (Marcuse, 1978, p.31; 1968a, p.26).[5]

A labuta na sociedade capitalista transforma-se, assim, em tarefa não forçada para o indivíduo, desde que ele tenha introjetado as imposições alienantes que requerem uma adesão ao princípio da "utilidade" e uma renúncia ao instinto, submetendo-o à disciplina externa e interna.[6] O superego está pronto para punir qualquer um que transgrida o princípio que rege a sociedade contemporânea, e o resultado dessa sujeição do princípio de prazer ao de realidade é, portanto, desastroso para o indivíduo (Kellner, 1984, p.169-70). Em *A Ideologia da Sociedade Industrial*, Marcuse enfatiza que tal alienação tem por consequência direta o comprometimento do pensamento negativo:

> Neste processo, a dimensão "interior" da mente, na qual a oposição ao *status quo* pode criar raízes, é desbastada. A perda dessa dimensão, na qual o poder de pensamento negativo − o poder crítico da Razão − está à vontade, é a contrapartida ideológica do próprio processo material no qual a sociedade industrial desenvolvida silencia e reconcilia a oposição. O impacto do progresso transforma a Razão em submissão aos

---

5   Todas as citações extraídas de *A Ideologia da Sociedade Industrial* foram conferidos com o original. As notificações que julgamos necessárias foram feitas no próprio corpo das citações.

6   Loureiro aborda a importância da questão do trabalho alienado para a teoria da mudança social de Marcuse (ver Loureiro, 1998, p.108; ver também Marx, 1975e, p.157-181).

A VIOLÊNCIA REVOLUCIONÁRIA EM HANNAH ARENDT E HERBERT MARCUSE **81**

fatos da vida e à capacidade dinâmica de produzir mais e maiores fatos do mesmo tipo de vida. A eficiência do sistema embota o reconhecimento individual de que ela não contém fato algum que não comunique o poder repressivo do todo. Se os indivíduos se encontram nas coisas que moldam [sua vida], não o fazem ditando, mas aceitando a lei das coisas − não a lei da Física, mas a lei [de sua] sociedade. (Marcuse, 1978, p.31; 1968a, p.26)[7]

Podemos notar que esse argumento de Marcuse está totalmente respaldado pela teoria da alienação de Marx, que afirma que o

... trabalho externo, o trabalho em que o homem se aliena, é um trabalho de sacrifício de si mesmo, de mortificação. Finalmente, a exterioridade do trabalho para o trabalhador transparece no facto de que ele não é o seu trabalho, mas o de outro, no facto de que não lhe pertence, de que no trabalho ele não pertence a si mesmo, mas a outro. Assim, como na religião a atividade espontânea da fantasia humana, do cérebro e do coração humanos, reage independentemente como uma atividade estranha, divina ou demoníaca, sobre o indivíduo, da mesma maneira a atividade do trabalhador não é a sua atividade espontânea. Pertence a outro e é a perda de si mesmo. (Marx, 1975e, p.162; 163-6)

Marcuse sustenta que a dominação é efetiva em múltiplas regiões da vida cotidiana e social, fato que, ao ser analisado pelo viés freudiano, assegura o conformismo para a sustentação do sistema de trabalho através da dessexualização do corpo e do "controle dos sentidos". O aparato repressivo tem-se utilizado politicamente da mecanização para instituir formas mais "eficazes" e "agradáveis" de controle e coesão sociais, pois os interesses dominantes militam contra o racional uso da tecnologia em vez de utilizá-la como um instrumento de libertação (Kellner, 1984, p.171).[8] Para conter a possibilidade de emancipação e para manter o *status quo*, a sociedade

---

7 Marcuse (s.d.a, p.21-2) desenvolve esses argumentos também no prefácio político de 1966.

8 Cabe-nos desde já a ressalva de que, para Marcuse, o progresso tecnológico não é sinônimo de dominação, a não ser que esteja sendo utilizado para tal fim, como

torna-se ainda mais autoritária, estabelecendo novas formas de controle social (ibidem, p.170).

> ... Os campos de concentração, extermínios em massa, guerras mundiais e bombas atômicas não são "recaídas no barbarismo", mas a implementação irreprimida das conquistas da ciência moderna, da tecnologia e dominação dos nossos tempos. E a mais eficaz subjugação e destruição do homem pelo homem tem seu lugar no apogeu da civilização, quando as realizações materiais e intelectuais da humanidade parecem permitir a criação de um mundo verdadeiramente livre. (Marcuse, s.d.b, p.27-8)

Ao constatar a incompatibilidade entre progresso e liberdade na teoria freudiana, Marcuse explicita e ratifica as modificações conceituais por ele introduzidas, sendo o conceito de "mais repressão" uma chave para compreender a necessidade cada vez mais sutil da dominação contra qualquer ameaça à ordem vigente pelo fato de sua defesa consistir, "... principalmente, num fortalecimento dos controles não tanto sobre os instintos, mas sobre a consciência, a qual, se se permitir que fique livre, poderá reconhecer o trabalho de repressão mesmo nas maiores e melhores satisfações de necessidades ..." (ibidem, p.95).

Para Marcuse, a sociedade, sob a coordenação eficaz do princípio de desempenho, tem de se defender contra o espectro de "um

---

é o caso da sociedade industrial avançada. Kellner chama a atenção para essa característica da interpretação marcuseana (ver Kellner apud Marcuse, 1998, p.27). Ver também nessa coletânea o aprofundamento dessa questão no artigo de Marcuse "Algumas Implicações Sociais da Tecnologia Moderna" (p.73-104). Compete-nos também indicar que os textos inéditos de Marcuse publicados recentemente nessa coletânea foram escritos entre 1942 e 1951 e já contêm um farto material cujas ideias centrais − principalmente aquelas que dizem respeito à mudança social − estão presentes nos dois livros que norteiam nossa discussão: *Eros e Civilização* e *A Ideologia da Sociedade Industrial* (ver Marcuse & Neumann, 1998a, p.138-50; 1998b, p.153-91; e Marcuse, 1998b, p.289-303, que antecipa os temas de *O Homem Unidimensional*).

A VIOLÊNCIA REVOLUCIONÁRIA EM HANNAH ARENDT E HERBERT MARCUSE 83

mundo que possa ser livre", utilizando a produtividade "contra" o homem, assumindo a forma de um instrumento de controle universal para garantir a hierarquia do *status quo*, que estaria ameaçada se, pelo contrário, o aparato produtivo fosse empregado para diminuir a repressão (ibidem, p.93-4). Assim, ocorre a reprodução contraditória do "ritmo da libertação e da dominação", já que os próprios indivíduos passam a temer o "princípio de prazer" e, ao se protegerem contra ele, acabam por acreditar que estão a caminho de sua própria felicidade, embora, de fato, estejam defendendo-se do "fantasma da gratificação integral".

Então, a não liberdade travestida de liberdade está calcada, em termos da interpretação marcuseana de Freud, na própria estrutura instintiva dos indivíduos – levando-os a manter "espontaneamente" a coesão e o controle sociais –, que, em sua "consciência feliz" (Marcuse, 1978, p.92; 1968a, p.77), manifestam um profundo grau de conformismo. Essa "anestesia geral" é provocada, segundo Marcuse, pela racionalização do mecanismo produtivo, pois o tempo gasto com o trabalho alienado não apenas absorve o que deveria ser gasto com as necessidades individuais, mas, de fato, as define. Dessa forma, embora a razão devesse ter como finalidade a garantia da realização das potencialidades humanas, mediante a transformação da natureza, o fim acaba recuando diante dos meios (Marcuse, s.d.b, p.108) na medida em que o progresso da razão instrumental reduz o pensamento a técnicas de cálculo e manipulação. Nesse contexto, a teoria freudiana depara-se com a "... dialética fatal da civilização: o próprio progresso da civilização conduz à liberação de forças cada vez mais destrutivas", pois são os "impulsos agressivos" que, ao fornecerem energia para a alteração, o domínio e a exploração da natureza, asseguram a "moralidade civilizada" (ibidem, p.65).

O trabalho, como um "processo instintivo", que garante a sujeição do princípio de prazer ao princípio de realidade, é visto como a reprodução da própria opressão, uma vez que torna o indivíduo um sujeito-objeto no mecanismo da sociedade por meio da arregimentação e restrição do prazer, que garante o movimento cíclico do "progresso em dominação" (ibidem, p.91-2). Esta

... torna-se cada vez mais impessoal, objetiva, universal, e também cada vez mais racional, eficaz e produtiva. ... A sociedade emerge como um sistema duradouro e em expansão de desempenhos úteis; a hierarquia de funções e relações adquire a forma de razão objetiva: a lei e a ordem identificam-se com a própria vida da sociedade. No mesmo processo, também a repressão é despersonalizada: a restrição e arregimentação do prazer passam agora a ser uma função (e resultado "natural") da divisão social do trabalho. ... os instintos do indivíduo são controlados através da utilização social de sua capacidade de trabalho. Ele tem de trabalhar para viver, e esse trabalho não exige apenas oito, dez, doze horas diárias do seu tempo e, portanto, uma correspondente divisão de energia, mas também, durante essas horas e as restantes, um comportamento em conformidade com os padrões e a moral do princípio de desempenho. (ibidem, p.91-2)

Com base na teoria de Freud, Marcuse mostra que a existência mesma da civilização desenvolvida está calcada no controle intensificado, na repressão dos instintos. A lógica da "produtividade", por meio da incorporação econômica e política dos indivíduos no sistema hierárquico do trabalho, transforma-os em instrumentos, forçando-os à renúncia e à labuta, reproduzindo a sociedade numa escala em contínua expansão. Os impulsos agressivos são reativados, então, mediante uma forma diferente e "civilizada". Portanto, a culpa de rebelião, que aparece agora como o crime contra a sociedade como um todo (ibidem, p.93), é fortemente intensificada, não havendo "libertação possível" ante a administração e suas leis que se apresentam como "fiadoras supremas da liberdade" (ibidem).[9] O inimigo maior da sociedade industrial passa a ser "o espectro real da libertação", pois essa forma de organização tende cada vez mais a assumir características totalitárias, embora esse adjetivo deva ser entendido a partir de sua especificidade histórica, uma vez que "'totalitária' não é apenas uma coordenação política terrorista da sociedade, mas também uma coordenação técnico-econômica não terrorista

---

9 Aí encontramos novamente a alusão de Marcuse − desta vez bastante irônica − à concepção de lei atrelada ao direito positivo.

A VIOLÊNCIA REVOLUCIONÁRIA EM HANNAH ARENDT E HERBERT MARCUSE   85

que opera através da manipulação das necessidades por interesses adquiridos. Impede, assim, o surgimento de uma oposição eficaz ao todo" (Marcuse, 1978, p.24-5; 1968a, p.20).

O indivíduo, com seu "pensamento coordenado", sua "intimidade abolida", seus sentimentos materializados em conformismo acaba ficando sem qualquer espaço físico e mental para desenvolver sua própria consciência. Surge, dessa forma, um padrão de pensamento e comportamento unidimensional. Segundo Marcuse, portanto, a divisão social do trabalho não apenas "racionaliza a dominação", mas fundamentalmente reprime a "rebelião contra a dominação". Um forte motivo para o conformismo seria a "autoderrota", pois o próprio indivíduo, a partir da agressão introjetada, sente-se culpado, sem conseguir o discernimento necessário de que a causa reside na própria "repressão". Os argumentos de Freud contribuem, então, para explicar a ascendência do "conformismo", a derrota das revoluções e a ausência dos agentes da transformação social na contemporaneidade, já que a

... mobilização e administração da libido pode ser a responsável por muito da submissão voluntária, da ausência de terror, da harmonia preestabelecida entre necessidades individuais e desejos, propósitos e aspirações socialmente necessários. A conquista tecnológica e política dos fatores transcendentes da existência humana, tão característica da civilização industrial desenvolvida, afirma-se aqui na esfera instintiva:[10] satisfação de um modo que gera submissão e enfraquece a racionalidade do protesto. ... O âmbito da satisfação socialmente permissível e desejável é grande mente ampliado, mas o Princípio do Prazer é reduzido por meio dessa satisfação – privado das exigências que são irreconciliáveis com a sociedade estabelecida. O prazer, assim ajustado, gera submissão. (ibidem, 1978, p.85; 1968a, p.71)

---

10 Em entrevista a Habermas, Marcuse volta a enfatizar a importância dos pressupostos freudianos a respeito da manipulação da estrutura instintiva como uma das alavancas para a exploração e a opressão na sociedade contemporânea, para que se entenda a derrota das revoluções possíveis (ver Habermas, 1980, p.35).

86 MARIA RIBEIRO DO VALLE

E é exatamente a partir dessa constatação que Marcuse encontra pistas para sua incessante indagação sobre as "revoluções traídas", momento em que as "contrarrevoluções" e "restaurações" permitiram o aperfeiçoamento da "cadeia de controle" travestido de "progresso". Loureiro (1998, p.111) aborda o questionamento do frankfurtiano a respeito da derrota das revoluções afirmando que

> ... para entender as novas formas de controle social no capitalismo tardio não bastariam, segundo Marcuse, conceitos econômico-políticos, mas seria necessário recorrer a uma *démarche* psicológico-antropológica, uma vez que, na sociedade totalmente administrada, o próprio aparato psíquico dos indivíduos se acha sob controle.

Marcuse, em seguida, passa a analisar os "limites históricos do princípio de realidade estabelecido", investigando se o "domínio contínuo" do princípio de desempenho deve ser aceito como imutável ou se a partir dele mesmo poderão ser criadas "as precondições necessárias para uma sociedade qualitativamente diferente e não repressiva" (Marcuse, s.d.b, p.123). Por outro lado, a agressividade, como vimos, é desenfreada em toda sociedade contemporânea. Com base nessa constatação, ele questiona se a repressão dos instintos e o embotamento da consciência terão atingido um grau tamanho capaz de fazer com que os indivíduos se acostumem com o próprio risco de sua "dissolução" e "desintegração", e se tal fato acabaria por redundar em sua impotência para tomar uma atitude que sirva para denunciar ou recusar o sistema social estabelecido (idem, 1978, p.87; 1968a, p.73). Embora a situação ainda seja desfavorável, por causa da "discrepância entre o potencial libertador e a atual repressão", o aumento da produtividade social e a existência efetiva de recursos capazes de abolir a escassez colocam em xeque toda a ideologia do progresso, da produtividade, da racionalidade e da ética do trabalho:

> A desculpa da escassez, que tem justificado a repressão institucionalizada desde o seu início, enfraquece à medida que o conhecimento e o controle do homem sobre a natureza promovem os meios de satisfa-

A VIOLÊNCIA REVOLUCIONÁRIA EM HANNAH ARENDT E HERBERT MARCUSE **87**

ção das necessidades humanas com um mínimo de esforço. O empobrecimento ainda predominante em vastas regiões do mundo deixou de ser devido, principalmente, à pobreza dos recursos humanos e naturais e decorre, sobretudo, da maneira como são distribuídos e utilizados ... (idem, s.d.b, p.94)

Marcuse traz à tona a possibilidade da subversão da sociedade existente, por meio do desenvolvimento da alienação[11] levada a suas últimas consequências, posto que a

... emancipação desse estado parece requerer não que se impeça a alienação, mas que esta se consuma;[12] não a reativação da personalidade reprimida e produtiva, mas a sua abolição. A eliminação das potencialidades humanas do mundo de trabalho (alienado) cria as precondições para a eliminação do trabalho do mundo das potencialidades humanas. (Marcuse, s.d.b, p.102-3)

Assim, é fundamental que se tenha por objetivo histórico a "transformação social", pois

o "Progresso" não é um termo neutro; encaminha-se para fins específicos, e esses fins são definidos pelas possibilidades de melhorar a condição humana. A sociedade industrial desenvolvida se aproxima da fase em que o progresso contínuo exigiria a subversão radical da direção e organização do progresso predominantes. Essa fase seria atingida quando a produção material (incluindo os serviços necessários) se tornasse automatizada a ponto de todas as necessidades vitais poderem ser atendidas enquanto o tempo de trabalho necessário fosse reduzido a um tempo marginal.[13] Daí por diante, o progresso técnico transcenderia o

---

11 Podemos perceber aí uma forte influência da teoria da alienação hegeliana em Marcuse, que passa posteriormente pelo viés materialista de Marx (ver Marcuse, 1988b, p.35-6).

12 Marcuse, em seu livro *Contrarrevolução e Revolta*, volta a abordar o conceito de "alienação progressiva" (ver Marcuse, 1981, p.74).

13 Ver também a questão do processo de trabalho em "O Trabalho Alienado" (Marx, 1975e, p.157-81).

reino da necessidade[14] no qual servira de instrumento de dominação e exploração, que desse modo limitava sua racionalidade; a tecnologia ficaria sujeita à livre atuação das faculdades na luta pela pacificação da natureza e da sociedade. Tal estado é visualizado na noção de "abolição do trabalho",[15] de Marx. (Marcuse, 1978, p.35; 1968a, p.29-30)

Marcuse está constatando, assim, que a "mais repressão" e o princípio de desempenho são derivados quer de fatores "exógenos" (sociológicos) – não inerentes à natureza humana –, quer de fatores biológicos – que estão atrelados às condições históricas específicas em que a estrutura instintiva se desenvolve.[16] E, uma vez que esses dois níveis estão "em constante e inseparável interação", mostra que a partir da modificação das condições sociais há a possibilidade até mesmo da mudança do aparato psíquico do indivíduo, fato que abre espaço, em contrapartida, a um novo princípio de realidade. Contudo, aqui Marcuse discorda de Freud que, ao igualar os dois níveis – o biológico e o sociológico –, não faz qualquer diferenciação entre as inibições instintivas impostas pela escassez ou por sua distribuição hierárquica e a luta pela existência ou pelo interesse da dominação, e, à luz da própria teoria freudiana, mostra que a "... possibilidade histórica de um descontrole gradual do desenvolvimento instintivo deve ser tomada seriamente em consideração, talvez mesmo a sua necessidade histórica – se acaso a civilização tem de progredir para um estágio superior de liberdade" (Marcuse, s.d.b, p.127). Esse descontrole pode significar uma revolta instintiva, de onde emerge

---

14 Notamos aqui mais uma vez a influência dos pressupostos marxistas em Marcuse: "O reino da liberdade só começa onde quer que cesse o trabalho que é determinado pela necessidade e por objetivos externos; ... [a produção econômica] permanece sempre como reino da necessidade. Para além dele, inicia-se o desenvolvimento da potencialidade humana como um fim em si mesma, o verdadeiro reino da liberdade" (Marx, s.d.g, p.79-93).

15 Marcuse argumenta para Habermas que a questão da abolição do trabalho é sempre atual, quando a discussão se dá com o intuito da busca pela mudança social (ver Habermas, 1980, p.132-4).

16 Em entrevista a Habermas, Marcuse desenvolve sua concepção de mutabilidade da natureza humana (Habermas, 1980, p.32).

A VIOLÊNCIA REVOLUCIONÁRIA EM HANNAH ARENDT E HERBERT MARCUSE   89

uma agressividade em defesa da vida, uma vez que tem como alvo a destruição do princípio de desempenho e da "mais repressão" inerentes à sociedade industrial desenvolvida, esta sim, violenta. Portanto, contrariamente a Freud, acredita na possibilidade de um futuro inconquistado, da emancipação da realidade histórica onde a

> ... negação do princípio de desempenho emerge não contra, mas com o progresso da racionalidade consciente; pressupõe a mais alta maturidade da civilização. ... O ator, nesse evento, já não seria o homem natural histórico, mas o sujeito consciente, racional, que dominou e se apropriou do mundo objetivo como arena para as suas realizações. (ibidem, p.139-40)

Marcuse mostra em *Eros e Civilização* que a "Grande Recusa" em aceitar como fatalismo as limitações impostas à liberdade e à felicidade, assim como o protesto contra a repressão desnecessária, pertence à "função crítica da fantasia", à "linguagem da arte" e à esfera lúdica, sendo considerados utópicos na prática da teoria política e até mesmo na filosofia. Acredita, portanto, na possibilidade da eliminação da repressão, desde que ancorada na automação e na supressão do trabalho alienado, entrando, assim, em uma profunda discordância com Freud, para quem, uma vez libertados os instintos de vida, a civilização explodiria e reverteria à barbárie pré-histórica, uma vez que mesmo

> ... em condições ótimas de organização racional da sociedade, a gratificação das necessidades exigiria trabalho, e esse fato, só por si, imporia restrições quantitativas e qualitativas aos instintos; e, por conseguinte, numerosos tabus sociais. Por maior que seja a sua riqueza, a civilização depende de um trabalho constante e metódico, e, assim, de um desagradável retardamento da satisfação. Como os instintos primários se revoltam "por natureza" contra tal retardamento, sua modificação repressiva continua sendo, portanto, uma necessidade para toda a civilização. (ibidem, p.142)

Em contrapartida, para Marcuse, o homem realmente livre é aquele que vive sem coações" externas e internas", "físicas e morais", sem ser reprimido pela "lei" ou pela "necessidade", quando suas ca-

90 MARIA RIBEIRO DO VALLE

rências e necessidades são satisfeitas pela superação do trabalho alienado; em outras palavras, uma civilização verdadeiramente emancipada pressupõe uma "revolução total", atingindo a mais alta "maturidade física e intelectual", em que há a reconciliação entre o princípio do prazer e o princípio de realidade, pois "... numa civilização verdadeiramente livre, 'a vontade do todo' só se cumpre "através da natureza do indivíduo". A ordem só é liberdade se fundada e mantida pela livre gratificação dos indivíduos" (ibidem, p.170).

Entretanto, do ponto de vista de Marcuse, a contenção da transformação social tem sido, na prática, "a mais singular realização da sociedade industrial desenvolvida". Vale a pena ressaltar, então, sua concepção de história[17] que é a esfera da possibilidade na da necessidade"; em outras palavras, a concepção marxista de que "os homens fazem a sua própria história, mas fazem-na sob determinadas condições" (Marcuse, 1978, p.206-7; 1968a, p.176). O frankfurtiano estabelece, então, um contraponto entre a "liberdade" contemporânea, calcada na necessidade, e aquela que pertence a um mundo ainda desconhecido e que está, portanto, além da necessidade e da racionalidade tecnológica do capitalismo tardio:

> Mais progresso significaria o *rompimento*, a transformação de quantidade em qualidade. Abriria a possibilidade de uma realidade essencialmente nova – a saber, a existência com tempo livre[18] e com base em necessidades vitais satisfeitas. Sob tais condições, o próprio projeto científico ficaria livre para fins transutilitaristas e livre para a "arte de viver" além das necessidades e dos supérfluos da dominação, Em outras pala-

---

17 Na concepção de história de Marcuse não podemos deixar de ressaltar a importância de Hegel, pois para ele: "O sistema de Hegel é a última grande expressão [do] idealismo cultural, a última grande tentativa para fazer do pensamento o refúgio da razão e da liberdade. O impulso crítico original deste pensamento foi, porém, forte bastante para induzir Hegel a abandonar o tradicional afastamento entre o idealismo e a história, e trouxe a história à filosofia" (Marcuse, 1988b, p.27).

18 Notamos mais uma vez a influência de Marx nas proposições políticas de Marcuse: "... o tempo livre transforma o seu possuidor em um Sujeito diferente, e, como Sujeito diferente, ele entra no processo da produção imediata" (Marx, 1973, p.559).

A VIOLÊNCIA REVOLUCIONÁRIA EM HANNAH ARENDT E HERBERT MARCUSE **91**

vras, a conclusão da realidade tecnológica seria não apenas um requisito, mas também o fundamento [racionale] para *transcender* a realidade tecnológica, (idem, 1978, p.213-4; 1968a, p.182)

Marcuse, apesar de constatar a possibilidade de o progresso tecnológico[19] reverter a ordem social vigente, critica o fato de tal processo estar acompanhado da paralisia da crítica, ou seja, da "falta de agentes e veículos de transformação social", mostrando que a "irracionalidade" da sociedade industrial avançada compromete em sua essência a conciliação entre pensamento e ação – teoria e prática. Visto que

> o fato de a grande maioria da população [aceitar e ser levada a aceitar] essa sociedade não a torna menos irracional e menos repreensível. A distinção entre consciência verdadeira e falsa [ver Marx, "O fetichismo da mercadoria", in s.d.g, p.79-93], entre interesse real e imediato, ainda tem significado. Mas a própria distinção tem de ser validada. O homem tem de vê-la e passar da consciência falsa para a verdadeira, do interesse imediato para o interesse real. Só poderá fazê-lo se viver com a necessidade de modificar o seu estilo de vida, de negar o positivo, de recusar. É precisamente essa necessidade que a sociedade estabelecida consegue reprimir com a intensidade com que é capaz de "entregar as mercadorias" em escala cada vez maior, usando a conquista científica da natureza para conquistar o homem cientificamente. (Marcuse, 1978, p.17; 1968a, p.12)

Voltamos a insistir, então, no fato de que Marcuse, em *A Ideologia da Sociedade Industrial*, enfatiza a necessidade de recorrer aos fundamentos marxistas, concomitantemente a sua atualização, para que a teoria da transformação social encontre suporte, deixando clara sua intenção de elaborar novos conceitos que deem conta de uma análise crítica da sociedade, embora constate a dificuldade dessa empreitada no capitalismo tardio, já que

---

19 Os estudos de Marcuse sobre a relação da possibilidade de mudança social com a questão do progresso tecnológico se iniciam vários anos antes da publicação de *A Ideologia da Sociedade Industrial* (ver Marcuse & Neumann, 1998b, p.188).

92 MARIA RIBEIRO DO VALLE

ao defrontar com o caráter total das conquistas da sociedade industrial desenvolvida, a teoria crítica fica desprovida de fundamento [*rationale*] para transcender essa sociedade. O vácuo esvazia a própria [estrutura teórica], porque as categorias da teoria social crítica foram criadas durante o período no qual a necessidade de recusa e subversão estavam personificadas na ação de forças sociais eficazes. Essas categorias eram essencialmente negativas, conceitos oposicionistas, definindo as contradições reais da sociedade europeia do século XIX. A própria categoria "sociedade" expressava o conflito agudo entre as esferas social e política – a sociedade antagônica ao Estado. Do mesmo modo, "indivíduo", "classe", "família" designavam esferas e forças ainda não integradas nas condições estabelecidas – esferas de tensão e contradição. Com a crescente integração da sociedade industrial, essas categorias estão perdendo sua conotação crítica, tendendo a tornar-se termos descritivos, ilusórios ou operacionais. (ibidem)

Assim, remetendo-se à proposição política de Marx da transição do capitalismo para o socialismo (Marx & Engels, 1998b, p.39-69), Marcuse mostra a importância da relação entre os aparatos tecnológico e político quando se tem como meta o processo revolucionário, pois a

teoria marxista clássica visualiza a transição do capitalismo para o socialismo como uma revolução política: o proletariado destrói o aparato *político* do capitalismo, mas conserva o aparato *tecnológico*, submetendo-o à socialização. Há continuidade na revolução: a racionalidade tecnológica, liberta de restrições e destruições irracionais, se mantém e se consuma na nova sociedade. (Marcuse, 1978, p.41; 1968a, p.34)

Interessado nas mudanças e/ou continuidades que possibilitariam a transcendência da ordem social vigente, Marcuse aprofunda a concepção de Marx, segundo a qual o socialismo deve estar, antes mesmo de sua existência, na consciência e na ação daqueles que buscam levar a cabo a revolução.[20] Assim, a primeira fase da revolução

---

20 Marcuse aborda a questão do "sujeito da revolução" e do processo revolucionário na contemporaneidade, mediante a atualização da teoria marxista (ver Habermas, 1980; p.278; ver também Loureiro, 1998, p.117).

A VIOLÊNCIA REVOLUCIONÁRIA EM HANNAH ARENDT E HERBERT MARCUSE **93**

está "ainda gravada com as marcas da velha sociedade de cujo ventre ela emerge", e o estilo de vida "qualitativamente novo" constitui-se apenas no momento posterior como resultado do processo revolucionário e consequente aniquilação da sociedade capitalista, pois

> ... a transição do princípio de "a cada um segundo o seu trabalho" pá`ra o de "a cada um segundo as suas necessidades" é determinada pela primeira fase − não apenas pela criação das bases tecnológicas e materiais, mas também (e isso é decisivo!) pelo modo [como são] criadas essas bases. O controle do processo de produção pelos "produtores imediatos" deve iniciar o desenvolvimento que distingue a história de homens livres da pré-história do homem. Trata-se de uma sociedade na qual os objetos de produtividade se tornam pela primeira vez criaturas humanas que planejam e usam os instrumentos de seu trabalho para a realização de suas próprias necessidades e faculdades humanas. Pela primeira vez na história, o homem agiria livre e coletivamente sob e contra a necessidade que limita sua liberdade e sua [humanidade]. Dessa forma, toda repressão imposta pela necessidade seria verdadeiramente uma necessidade autoimposta. (Marcuse, 1978, p.57, 1968a, p.47-8)

Contudo, emerge, assim, um dos principais problemas a ser enfrentados por Marcuse na sua proposta de atualizar os conceitos marxistas, qual seja, a transformação radical da classe trabalhadora na sociedade industrial avançada (Loureiro, 1998, p.115), em contraponto ao contexto vivido por Marx. Para este último, aqueles que lidam diretamente com as máquinas esgotam sua energia física no próprio processo produtivo em razão dos "revoltantes" aspectos da exploração: a extensão das jornadas de trabalho, as péssimas condições de salubridade, os baixíssimos salários. Nesse sentido, a "escravização mecanizada" tem como contraponto

> o proletariado das etapas anteriores do capitalismo [que] era na verdade um animal de carga, pelo trabalho de seu corpo na busca das necessidades e dos supérfluos da vida enquanto vivia na imundície e na pobreza. Ele era, assim, a negação viva de sua sociedade. Em contraste, o trabalhador organizado dos setores avançados da sociedade tecnológica vive essa negação menos conspicuamente e, como os demais objetos huma-

nos da divisão social do trabalho, está sendo incorporado à comunidade tecnológica da população administrada. Mais ainda, nos setores da automatização mais coroados de êxito, uma espécie de comunidade tecnológica parece integrar os átomos humanos no trabalho. A máquina parece instilar certo ritmo de servidão nos operadores. (Marcuse, 1978, p.43; 1968a, p.36-7)

Outra importante questão na especificidade do processo de trabalho da sociedade industrial contemporânea é a "tendência assimiladora" da classe operária em razão da etapa avançada da mecanização, pois, por meio da máquina, que se torna um sistema de ferramentas e relações mecânicas, a "autonomia profissional" do trabalhador é reduzida a partir do momento em que passa a ser integrado a outras profissões, até mesmo àquelas que dirigem o conjunto técnico. Assim, em oposição ao modo específico de escravização anterior, em que aquela "autonomia" era fonte de seu poder de negar, de parar um processo que o ameaçava de aniquilamento como ser humano, agora o trabalhador deixa de ser membro de uma classe destacada de outros grupos ocupacionais por não mais personificar a refutação da sociedade estabelecida (Marcuse, 1978, p.45; 1968a, p.38; 1999d, p.52-3).

O trabalhador é integrado na fábrica de tal forma que passa a participar ativamente da solução dos problemas técnicos relacionados à produtividade, constituindo uma "comunidade". Marcuse aponta, então, para a emergência e predomínio das características negativas da automatização, tais como a aceleração do trabalho, o desemprego tecnológico, o revigoramento da posição da gerência, paralelamente à "impotência" e "resignação" crescentes por parte da classe trabalhadora. Esta deixa de ser vista como a contradição viva da sociedade estabelecida por causa do enfraquecimento de sua posição negativa, na medida em que a "ilusão" da igualdade e da liberdade política, alimentada pelo fortalecimento dos mecanismos simbólicos e pelo efetivo aumento geral do nível de vida, mascara o fato de o domínio político ser exercido sem qualquer controle pelos indivíduos, perpetuando sua situação de "escravos".

Nesse contexto, Marcuse ressalta a necessidade de compreensão das principais características da "sociedade tecnológica" que, pela primeira vez, proporciona um mercado de consumo de massa para bens de luxo e supérfluos, passando a ser concebidos como necessidades. Ou seja, a abundância material leva a uma "notável dose de liberdade autodeterminada" pela inculcação da "racionalidade" dessa nova fase do sistema capitalista que altera, na essência, o conceito de liberdade (Marcuse, 1968c, p.6-7). A perda da autonomia nas sociedades tecnológicas mais avançadas não ocorre por meio do "terror" (idem, 1978, p.14; 1968a, p.9), mas no interior de uma organização política "democrática" e pluralista sustentada por uma "produtividade superabundante" que permite a melhoria do nível de vida de uma fatia cada vez maior da população.

A partir da discussão sobre a nova configuração da classe trabalhadora na sociedade desenvolvida, Marcuse passa, então, para a análise da relação entre a automatização e a possibilidade da eclosão de um processo revolucionário, pois esse avanço, sem precedentes históricos, da tecnologia altera o caráter das forças produtivas básicas (ibidem, p.51-2; 1968a, p.43).[21] Nesse sentido, a automatização passa a ser vista como

... o grande catalisador explosivo ou não explosivo na base material da transformação qualitativa, o instrumento técnico da mudança de quantidade para qualidade. Pois o processo social de automatização expressa a transformação ou, antes, a transubstanciação da força de trabalho, na qual esta, separada do indivíduo, se torna um objeto produtor independente e, assim, ela própria uma dependente [sic — sujeito]. (ibidem)

Dessa forma, está aí vislumbrada, a partir do próprio desenvolvimento tecnológico, a base material, objetiva, da revolução:

---

21 Para sustentar seus argumentos, Marcuse confirma a realização do diagnóstico feito por Marx nos *Grundrisse*, cem anos antes da automatização estabelecer-se, citando-o textualmente (ver Marcuse, 1978, p.52; 1968, p.43-4).

A automatização, ao se tornar o processo de produção material, revolucionaria a sociedade inteira. [A reificação] da força de trabalho humano, [levada] à perfeição, destruiria a forma [reificada] pelo rompimento dos laços que atam o indivíduo à máquina – o mecanismo pelo qual o seu próprio trabalho o escraviza. A automatização completa na esfera da necessidade abriria a dimensão do tempo livre como aquela que a existência privada e social do homem constituiria ela própria. Isso seria a transcendência histórica rumo a uma nova civilização (idem, 1978, p.53; 1968a, p.44).[22]

Contudo, além da necessidade de inversão do uso da tecnologia para os interesses e objetivos do todo e de cada um dos indivíduos, e não apenas sua apropriação por determinados grupos, a base subjetiva[23] é vista por Marcuse como um grande empecilho para a prática revolucionária no contexto "totalitário" da sociedade contemporânea em que as "falsas necessidades" – aquelas superimpostas ao indivíduo por interesses sociais particulares que perpetuam a labuta, a agressividade, a miséria e a injustiça (idem, 1978, p.26; 1968a, p.21-2) – são veiculadas e introjetadas como as realmente "verdadeiras" e "desejadas".

A seu ver é factível a emergência de um "novo princípio de realidade" ancorado na reconciliação entre natureza, sociedade e humanidade. Permanece, portanto, como questão central como deverá ocorrer a formação de indivíduos livres[24] capazes de levar a cabo a

---

22 Loureiro (1998, p.114-5) analisa pelo viés marcusiano as consequências da automatização para uma "vida emancipada".

23 Marcuse também volta à questão das condições subjetivas para a revolução em entrevista a Habermas (ver Habermas, 1980, p.129).

24 Segundo Marcuse, não há dúvidas de que para Hegel cabe ao filósofo a educação do povo; fato que também parece exercer influência, embora não explícita, em seu pensamento: "Hegel diz que o sentido de sua época está no fato de que 'a auréola que envolvia os principais opressores e deuses da terra desapareceu. Os filósofos evidenciaram a dignidade do homem, o povo aprenderá a senti-la e, em vez de continuar simplesmente clamando por seus direitos pisoteados na lama, por si mesmo os haverá de impor, deles se apropriará'" (Marcuse, 1988b, p.24). A questão da vanguarda é então uma das preocupações

A VIOLÊNCIA REVOLUCIONÁRIA EM HANNAH ARENDT E HERBERT MARCUSE **97**

transformação radical da sociedade: "... como pode a civilização gerar livremente a liberdade, quando a não liberdade se tornou parte integrante da engrenagem mental? E, se assim não for, quem está autorizado a estabelecer e impor os padrões objetivos?" (Marcuse, s.d.b, p.195). Segundo Marcuse, de "... Platão a Rousseau, a única resposta honesta é a ideia de uma *ditadura educacional*, exercida por aqueles que se supõe terem adquirido o conhecimento do verdadeiro Bem" (ibidem).

Contudo, a ditadura educacional parece tornar-se obsoleta, no mundo de hoje, em razão de um maior acesso aos meios culturais, à difusão das informações, às condições de educação, particularmente quando comparada com a situação de penúria material e intelectual das sociedades pré-industriais. Mas, por outro lado, o poder simbólico inerente à sociedade administrada que "... determina e forma as necessidades, até mesmo as necessidades instintivas, as próprias aspirações do indivíduo, que nivela a diferença entre tempo de trabalho e tempo livre e que molda os seres humanos tão cedo, tão total e completamente" (Marcuse, 1999d, p.49), revela-se de uma forma mais incisiva na figura dos trabalhadores integrados que, sob o efeito da mídia e da harmonização das classes sociais na esfera do consumo, tornam-se incapazes de vislumbrar qualquer necessidade de oposição. A sua incorporação ao sistema ocorre nos quadros de uma sociedade democrática que, possuindo mecanismos integradores totalitários, mascara a continuidade da exploração com formas desumanizantes mais refinadas, sustando a consciência individual,[25] e recolocando, por isso mesmo, a necessidade da vanguarda na atualidade.

---

centrais de Marcuse ao mergulhar no estudo dos pressupostos hegelianos. Ver também Habermas (1980, p.37), quando Marcuse é questionado por ele a respeito da questão da vanguarda. E, finalmente é importante a análise de Loureiro que, ao analisar os livros do frankfurtiano, centrais para este nosso debate, mostra a ambiguidade do mesmo ante a questão da "ditadura educativa" (ver Loureiro, 1998, p.113).

25 Em *Razão e Revolução*, podemos notar a forte influência das categorias hegelianas de "sujeito", "razão" e "liberdade" extremamente vinculadas com a necessi-

Ao se deparar com essas questões, Marcuse admite, como vimos, que dificilmente conseguimos não esbarrar na discussão em torno da "ditadura educacional", não apenas pela conjuntura do capitalismo tardio, mas pelo fato de ela atravessar toda a história da filosofia. Em sua análise, essa concepção pode até ser facilmente "ridicularizável", mas ao mesmo tempo, de difícil refutação, pois:

> ... desbanca a ideologia repressiva da liberdade, segundo a qual a liberdade humana pode florescer numa vida de labuta, pobreza e estupidez. De fato, a sociedade tem de criar primeiro os requisitos da liberdade para todos os seus membros antes de poder ser uma sociedade livre; tem de *criar* primeiro a riqueza, antes de poder *distribuí-la* de acordo com as necessidades individuais livremente desenvolvidas; deve primeiro possibilitar aos seus escravos aprender, ver e pensar, antes que eles possam saber o que está passando [sic − o que se passa] e o que podem fazer para modificar as coisas. A libertação dos escravos parece vir de fora e de cima, no mesmo grau em que eles foram precondicionados para viver como escravos e sentir-se contentes nessa condição. Eles têm de "ser forçados a ser livres", a "ver os objetos como estes são e algumas vezes como deviam parecer", devendo ser-lhes mostrado o "bom caminho" que buscam. (Marcuse, 1978, p.55; 1968a, p.46-7)[26]

---

dade da educação do povo: "Só o homem tem o poder de autorrealização, o poder de ser um sujeito que se autodetermina em todos os processos do vir a ser, pois só ele tem entendimento do que sejam potencialidades, e conhecimento de conceitos. Sua própria existência é o processo de atualização de suas potencialidades, de adaptação da sua vida às ideias da razão. Encontramos aqui a mais importante categoria da razão, a saber, a liberdade. A razão pressupõe a liberdade, o poder de agir de acordo com o conhecimento da verdade, o poder de ajustar a realidade às potencialidades. A realização destes fins pertence apenas ao sujeito, que é senhor de seu próprio desenvolvimento e que compreende suas próprias potencialidades e as das coisas à sua volta. A liberdade, em troca, pressupõe a razão, pois só o conhecimento compreensivo capacita o sujeito a conquistar e a exercer esse poder. ... O homem, porém, sabe o que ele é, e só por isso é real. Razão e liberdade nada são sem este conhecimento" (Marcuse, 1988b, p.22).

26 Aqui Marcuse opõe-se, de maneira contundente, aos argumentos de Arendt, tanto de que a "escravidão é natural" como de que deve haver "os livres e iguais" para decidir o que é melhor para todos.

A VIOLÊNCIA REVOLUCIONÁRIA EM HANNAH ARENDT E HERBERT MARCUSE

Marcuse, defensor da soberania popular, está aqui claramente contrapondo-se à concepção de *res publica* de Stuart Mill (que, a seu ver, aproxima-se da de Platão), por deliberar que a razão não constitui apenas o poder intelectual, mas também o político, fato que desloca a questão da ditadura educacional para o rompimento com a tirania da opinião pública, preservando os indivíduos educados da legislação de classe dos deseducados (Marcuse, 1970, p.98;124).

Não encontramos, assim, respostas prontas e acabadas em Marcuse sobre a questão da "ditadura educativa" e da determinação das necessidades verdadeiras, mas, apesar de estar escrevendo num contexto bastante adverso a qualquer transformação social, ele não deixa de se colocar na perspectiva do educador ao conclamar a urgência da redefinição dos valores materiais e mentais que devem servir de fundamento para o surgimento do "homem livre"; em suma, a redefinição das necessidades, embora a missão pedagógica da teoria torne-se particularmente árdua onde a "administração total" milita contra a emergência do "Novo Sujeito",[27] impedindo que a autoconsciência[28] se concretize:

> Na fase atual de desenvolvimento das sociedades industriais avançadas, tanto o sistema material como o cultural negam essa exigência. O poder e a eficiência desse sistema, a completa assimilação da mente com o fato,[29] do pensamento com o comportamento exigido, das aspirações com a realidade, militam contra o surgimento de um novo Sujeito. ... (Marcuse, 1978, p.231; 1968a, p.198)

---

27 Marcuse, sustentado pela concepção de revolução em Marx em contraposição com a revolução burguesa, explicita que o seu objetivo é conseguir que um "homem novo" possa existir (ver Habermas, 1980, p.33). Na mesma entrevista, Marcuse afirma, fortemente influenciado pela teoria freudiana, que uma "... nova estrutura de personalidade é uma precondição para uma transformação radical, para o salto qualitativo" (ibidem, p.34).

28 Marcuse explicita a influência do conceito hegeliano de liberdade em seu pensamento (ver Marcuse, 1988b, p.23).

29 Kellner, ao comentar criticamente as "Teses" de Marcuse, aponta para seu caráter profético a respeito da integração das classes trabalhadoras (ver Kellner, 1998, p.63-4).

Apesar de todos os entraves à transformação social, Marcuse mostra o quanto ainda é aguçado o conflito do capitalismo altamente organizado,[30] principalmente no que diz respeito à progressiva "abolição do trabalho" e à necessidade de preservar o trabalho como fonte de lucro, perpetuando a existência inumana dos que compõem a base da pirâmide social. Embora não esteja procurando respostas dentro de um universo ético ou psicológico, mas essencialmente político — entendendo por este termo o desenvolvimento, na prática, tanto das instituições sociais básicas, sua manutenção ou modificação, quanto dos próprios indivíduos na sua luta pela existência —, ele reafirma seu propósito de buscar respaldo para a modificação qualitativa da sociedade, acreditando estar esta condicionada à subordinação dos interesses particulares ao planejamento voltado à satisfação universal das necessidades vitais[31] e das potencialidades humanas. Tal organização social, a seu ver, só pode emergir tendo por base a liberdade e uma nova racionalidade. Contudo, a sua conclusão confirma as hipóteses introdutórias de sua argumentação de que tanto a prática como a teoria, uma vez que são intrinsecamente vinculadas, estão esvaziadas. Mesmo que ele continue militando pela "árdua" tarefa de manter uma teoria crítica,[32] não deixa de admitir

---

30 É instigante a resposta dada por Marcuse a Habermas sobre a possibilidade ou não da estabilização do capitalismo tardio: A questão é — e nela reside, em minha opinião, o autêntico elemento de prova da teoria de Marx — : até quando durará a estabilização do capitalismo tardio? As contradições internas realmente se agravarão, sejam elas de qualquer natureza — e eu não acredito que sejam apenas aquelas que Marx formulou —, ou conseguirá o capitalismo em um breve prazo fortalecer-se sobre a base de um imperialismo econômico e político reforçado, contando talvez inclusive com a China e a URSS como mercados? Se isto ocorrer, então os dominadores poderão dormir tranquilamente outros cem anos. Em tal caso não haverá revolução (Habermas, 1980, p.79).

31 Marcuse, em entrevista a Habermas, admite sua apropriação da concepção de Hegel de que para a realização da mudança social é fundamental a "transformação radical do sistema das necessidades" (cf. ibidem, p.33).

32 Kellner, ao enfatizar a importância dos manuscritos de Marcuse dos anos de 1940 para suas posteriores obras, mostra a obstinação de Marcuse pela politização da teoria crítica (ver Kellner, 1998, p.67-8).

A VIOLÊNCIA REVOLUCIONÁRIA EM HANNAH ARENDT E HERBERT MARCUSE **101**

sua impotência nesse momento, para demonstrar as tendências libertadoras dentro da sociedade estabelecida.

Portanto, "o processo tradicional de protesto" torna-se ineficaz com as tendências totalitárias da sociedade unidimensional, fazendo caducar formas antes capazes de atingir resultados positivos. Para Marcuse, até mesmo a ideia de "soberania popular" fica ameaçada, uma vez que "... 'o povo', anteriormente o fermento da transformação social, 'mudou' para se tornar o fermento da coesão social" (Marcuse, 1978, p.234; 1968a, p.200). Mesmo assim, tentando encontrar uma brecha no extremo pessimismo que o atinge, ele não consegue abandonar totalmente a sua crença na força revolucionária dos que se situam à margem da sociedade:

> Contudo, por baixo da base conservadora popular está o substrato dos párias e estranhos, dos explorados e perseguidos de outras raças e de outras cores, os desempregados e os não empregáveis. Eles existem fora do processo democrático; sua existência é a mais imediata e a mais real necessidade de pôr fim às condições e instituições intoleráveis. Assim, sua oposição é revolucionária ainda que sua consciência não o seja. ... (idem, 1978, p.235; 1968a, p.200-1)

A sua teoria parece estar à espreita de quem a escute. Assim como a "arma da crítica", sem os agentes da transformação social, torna-se impotente, ele busca, na esteira desse raciocínio, a conjunção da "vanguarda" dos países desenvolvidos com a "base mais material" do Terceiro Mundo que, mais tarde, ele irá reconhecer nas lutas sociais dos anos de 1960:

> Nada indica que será um bom fim. As aptidões econômicas e técnicas das sociedades estabelecidas são suficientemente vastas para permitir ajustamentos e concessões aos subcães [sic – mais fracos; desfavorecidos], e suas forças armadas suficientemente adestradas e equipadas para cuidar de situações de emergência. Contudo, lá está novamente o espectro, dentro e fora das fronteiras das sociedades avançadas. O fácil paralelo histórico com os bárbaros ameaçando o império da civilização prejulga a causa; o segundo período de barbarismo bem pode ser o im-

pério continuado da própria civilização. Mas a probabilidade é que, nesse período, os extremos históricos possam novamente se encontrar: a mais avançada consciência da humanidade e sua força mais explorada. Nada mais é do que uma probabilidade. A teoria crítica da sociedade não possui conceito algum que possa cobrir a lacuna entre o presente e o seu futuro; não oferecendo promessa alguma e não ostentando êxito algum, permanece negativa. Assim, ela deseja permanecer leal àqueles que, sem esperança, deram e dão sua vida à Grande Recusa. (idem, 1978, p.235; 1968a, p.201)[33]

---

33 É importante o comentário feito por Loureiro sobre a mudança de Marcuse ante a possibilidade da revolução em seu livro *Contrarrevolução e Revolta*, que confirma algumas de nossas análises (ver Loureiro, 1998, p.116).

4
HERBERT MARCUSE: A DEFESA DA VIOLÊNCIA REVOLUCIONÁRIA NOS ANOS DE 1960

Como acabamos de ver, em *A Ideologia da Sociedade Industrial*, publicado em 1964, Marcuse aborda o total esvaziamento, nas sociedades contemporâneas altamente desenvolvidas, quer da teoria crítica, quer da prática política alicerçadas nas possibilidades históricas de transformação social. Na "sociedade unidimensional", onde a tecnologia, a cultura, a política e a economia estão fundidas num "sistema onipresente" capaz de atrelar eficazmente o progresso técnico à estrutura de dominação, o aparato produtivo tende a tornar-se "totalitário", chegando a determinar até mesmo "as necessidades e as aspirações individuais".

O ceticismo presente nos escritos de 1964 de Marcuse começa a ser superado com a emergência de protestos que envolvem "novos atores sociais" – por um lado as revoluções contra a "intolerável herança do colonialismo" e seu prolongamento pelo neocolonialismo, e, por outro, a revolta da juventude. Embora ele não perca de vista o totalitarismo da "sociedade unidimensional" e os seus eficientes poderes de controle, bem como a integração dos trabalhadores às benesses de tal sociedade, passa a vislumbrar a possibilidade da "... recusa organizada em continuar trabalhando com os instrumentos materiais e intelectuais que estão sendo agora usados contra o homem – para a defesa da liberdade e prosperidade daqueles que dominam o resto" (Marcuse, s.d.a, p.22). A "dimensão negativa", até então "eficaz" e "democraticamente" contida, ressurge, mudando sua localização social e trazendo de volta ao horizonte político a possibilidade de realização da teoria e da prática revolucionárias, ou seja, do fim da utopia.

Marcuse e os movimentos de protesto dos anos de 1960

Durante a "Era de Ouro" – fenômeno mundial que se inicia no pós-Guerra e tem seu declínio com o colapso do sistema financeiro internacional de Bretton Woods, em 1971, e com a crise da OPEP, de 1973 –, os países industriais batem vários recordes com relação ao seu desenvolvimento econômico e tecnológico, tornando-se detentores de três quartos da produção mundial, sob a esmagadora dominação econômica dos EUA e do dólar. Nas economias de mercado desenvolvidas aumenta, em escala inusitada, o padrão de consumo do cidadão médio, simultaneamente ao quase desaparecimento do desemprego. Assim, os trabalhadores têm acesso à multiplicidade de bens e serviços oferecidos pelo sistema produtivo, além de poderem contar com as benesses do Estado previdenciário. Concomitantemente, os partidos socialistas e os movimentos trabalhistas são paulatinamente enquadrados a esse novo capitalismo reformado (cf. Hobsbawm, 1995, p.253-81). O alto padrão de vida por ele propiciado se faz à custas da exploração do Terceiro Mundo e com a tentativa de aniquilamento dos movimentos de libertação colonial, perpetuando "... uma existência em formas cada vez mais desumanizantes, enquanto os pobres continuam pobres e o número de vítimas da *prosperitas Americana* aumenta" (Marcuse, 1981, p.29).

Esse acasalamento do poder político e do econômico que leva a um controle inaudito, impedindo a mobilização da sociedade, torna mais urgente a necessidade de desenvolvimento da consciência das possibilidades reais para a criação de uma sociedade livre. Dentro do próprio território americano, o capitalismo monopolista deixa

A VIOLÊNCIA REVOLUCIONÁRIA EM HANNAH ARENDT E HERBERT MARCUSE **105**

suas marcas por meio das "formas desumanizantes" com que trata "os deserdados da sociedade", vítimas da discriminação no emprego, na habitação, na educação: negros, mexicano-americanos, porto-riquenhos, índios (cf. Reis Filho & Moraes, 1998, p.35).

O progresso técnico, transformado em um novo sistema de dominação, incide diretamente na política dos sindicatos, que passa a ser a de uma cumplicidade entre capital e trabalho, tendo como efeito a divisão no interior da própria classe trabalhadora, pois o operariado organizado opõe-se aos desempregados. A automação, ao acarretar um aumento bastante significativo do número dos trabalhadores não ocupados diretamente no processo produtivo (cf. Marcuse, 1999d, p.50-3), funciona também como um poderoso instrumento de despolitização.

Por outro lado, as vítimas internas do sistema, as minorias nacionais e raciais, a vanguarda intelectual e o Terceiro Mundo, ou seja, justamente os alvos privilegiados do "terror", parecem dar início a um novo processo que começa a despertar "... a consciência da escravização na abundância e a consciência de que deve ser diferente" (idem, 1999a, p.76). Enquanto um caminho de libertação mundial começa a ser trilhado por meio das lutas dos povos colonizados pela independência, simultaneamente, nos EUA, o "poder negro" se rebela contra o preconceito racial e o movimento estudantil, lado a lado com os professores e integrantes da Nova Esquerda (cf. Gitlin, 1993, p.2), ocupa as universidades e toma as ruas em manifestações que repudiam a intervenção americana no Vietnã.

Diante das novas necessidades de expansão do capitalismo monopolista, os Estados Unidos são o representante maior do "imperialismo", garantindo tal posição através do terror fora da "metrópole". Para Marcuse, há uma conexão causal entre a estabilidade dos países capitalistas desenvolvidos e a "situação catastrófica" do Terceiro Mundo. O neocolonialismo, considerado por ele "um dos maiores crimes do Primeiro Mundo" (Marcuse, 1999b, p.116), serve aos interesses do capital internacional combatendo, durante a Guerra Fria, em várias frentes para impedir o avanço do comunismo.

O exemplo emblemático desse período é a intervenção dos EUA na guerra do Vietnã para a garantia de seus objetivos militares, econômicos e ideológicos, dentre os quais se destacam o de cercar a China comunista, o maior obstáculo ao expansionismo norte-americano, e o de mostrar às demais nações do Terceiro Mundo que a "guerra de guerrilhas" não compensa e será combatida a qualquer custo. A reedição do "genocídio", como "guerra total", conduzida de "um" só lado e sem qualquer equilíbrio de forças, passa a ser uma arma pronta para ser utilizada (cf. Sartre, 1968, p.3-18). O Vietnã serve como campo de provas para novas armas e táticas antiguerrilha, que permitem a continuidade das práticas neocolonialistas norte-americanas incidentes sobre os povos da Ásia, África e América Latina, sob a forma de conspirações agressivas contra Cuba, do apoio a Israel contra os países árabes, da participação efetiva nos golpes militares da América Latina, do controle sobre a Coreia do Sul, Formosa e Filipinas, das ameaças contra o Camboja, da clandestina penetração na Índia e na Indonésia e da ocupação militar da República Dominicana.[1]

Marcuse recupera a teoria marxista do capitalismo monopolista ligada à do imperialismo clássico, "... segundo a qual, cedo ou tarde, os monopólios, apesar de sua interdependência internacional, caem em oposição aberta, de tal forma que guerras ou conflitos periódicos entre as potências destroem novamente toda a prosperidade do período de trégua" (Marcuse, 1999d, p.51). Embora a forma mais expressiva do novo imperialismo seja o neocolonialismo, que significa uma nova partilha do mundo entre as grandes potências sem conflito militar, isto não descarta a existência de vários antagonismos entre elas. O comunismo atua, a seu ver, como o "médico à cabeceira da cama do doente", o capitalismo. A integração dos países industriais desenvolvidos depende, além disso, de uma efetiva base econômica, posta em risco pela crise do sistema monetário internacio-

---

1 Cf. documentário: O Neocolonialismo dos Estados Unidos no Vietiname, traduzido do *Viet Nam Courier* de 21 de agosto de 1967. (*Revista Civilização Brasileira*, ano III, n.18, p.233-41, mar./abr. 1968).

A VIOLÊNCIA REVOLUCIONÁRIA EM HANNAH ARENDT E HERBERT MARCUSE **107**

nal iniciada em 1968 com o aumento do déficit da balança de pagamentos norte-americana, causado pelas enormes despesas militares, particularmente com a guerra do Vietnã, que começam a se explicitar em forma de inflação. O equilíbrio da "Era de Ouro", totalmente atrelado ao domínio político e econômico dos EUA, atuantes como estabilizador e assegurador da economia mundial, fica ameaçado. O dólar passa a flutuar no mercado internacional, fazendo desabar o sistema monetário com base no dólar-ouro, repercutindo diretamente no movimento de exportação de capitais.[2] Outros sinais do aguçamento da crise monetária internacional são a inflação e o desemprego crônicos e a crescente resistência do Terceiro Mundo.

O papel das novas formas de oposição que, para Marcuse, devem "... explorar com atenção qualquer possível rachadura na gigantesca concentração de poder na sociedade estabelecida" (Marcuse, 1969, p.31-2) passa a ser central. Apesar dos efetivos sinais de desgaste do capitalismo monopolista, ele adverte que tais oposições não podem minimizar a capacidade de reorganização do sistema por meio da "contrarrevolução preventiva" (idem, 1981, p.11-2) e devem trabalhar no sentido de despertar a consciência

> ... com relação à horrível política de um sistema cujo poder e pressão crescem com a ameaça de total aniquilamento, que utiliza as forças produtivas a seu dispor para a reprodução da pilhagem e da opressão, e que, para a proteção da sua abundância, equipa o chamado mundo livre com ditaduras militares e policiais. (idem, 1968b, p.89-90)

Ainda não há, apesar da eclosão dos movimentos estudantis, de libertação colonial, dos direitos civis, dos *hippies*, uma organização solidária que promova a confluência de tendências tão diversas. As contestações econômicas, políticas e culturais, tanto no Ocidente como no Oriente, são consideradas por Marcuse − que em momento algum deixa de reconhecer as suas limitações − forças que permitem

---

2 Sobre o fortalecimento da economia norte-americana durante a Guerra Fria e o seu declínio no final dos anos de 1960 e início dos anos de 1970, ver Gitlin, 1993, p.302; Kunz, 1998, p.83-5.

vislumbrar a "realização da utopia", desde que estejam dirigidas à ruptura do sistema.

Ao defender o fim da utopia, Marcuse afirma continuar sendo o marxismo o guia da oposição, que deve empenhar se para atualizar os seus conceitos com o intuito de evidenciar as possibilidades de superação da ordem existente (idem, 1968c, p.4). Um dos elementos cruciais para a realização da "sociedade livre" é o de identificar "os portadores sociais da transformação" na conjuntura dos anos de 1960, pois o operariado americano, na sua maioria integrado ao sistema, é hostil a qualquer proposta da Nova Esquerda que ponha em xeque o *status quo*. Também em países como a França e a Itália, o movimento operário, submetendo-se às orientações do Partido Comunista e dos sindicatos, restringiu suas perspectivas à melhoria da situação vigente do operariado, abandonando a negação radical do capitalismo (idem, 1981, p.14-5; 1968b, p.80-1). Contudo,

> ... a impossibilidade de determinar uma classe revolucionária nos países capitalistas que apresentam um desenvolvimento tecnológico mais elevado não significa, de modo algum, que o marxismo tenha se transformado em uma utopia. Os portadores sociais da transformação (e isso é marxismo ortodoxo) se formam no curso do próprio processo de transformação, não se podendo contar jamais com a existência de forças revolucionárias *ready-made*, prontas e acabadas, por assim dizer, no momento em que tem início o movimento revolucionário (situação afortunada e não muito fácil de se verificar). Todavia, acredito que haja um critério válido, o qual consiste em estabelecer se as forças materiais e intelectuais necessárias à realização da transformação estão tecnicamente presentes, apesar dos obstáculos colocados à sua utilização racional pela organização das forças produtivas. Eu creio, aliás, que seja este o sentido no qual se pode hoje falar efetivamente de um fim da utopia. (idem, 1969, p.16)

Torna-se necessário, então, perceber as "zonas sociais" que trazem em si, potencialmente, as forças capazes de determinar uma mudança radical do sistema. Marcuse (1997, p.129) chama a atenção para o fato de que as massas não são consideradas "ponta de lança" da liberdade pela concepção marxista, mas sim o proletariado en-

A VIOLÊNCIA REVOLUCIONÁRIA EM HANNAH ARENDT E HERBERT MARCUSE   109

tendido como "... uma classe, definida por sua posição determinada no processo produtivo, pela maturidade de sua 'consciência' e pela racionalidade de seu interesse comum". Salienta, dessa maneira, que este fator não é mais suficiente para que sejam identificados os portadores da transformação social na atualidade.

Alertar para as contradições do capitalismo de monopólio ou explicitá-las passa a ser um fator primordial da "nova oposição" que, embora totalmente diversa das forças ortodoxas marxistas da transformação social, deve conservar como prioridade a recusa da ordem social existente. O processo de formação dessas novas formas oposicionistas deve ser entendido não apenas a partir de seu surgimento, mas também de suas modificações ao longo dos anos de 1960. A Nova Esquerda nos Estados Unidos,[3] composta por um grupo de intelectuais desde o início dessa década, vincula-se à organização SDS – Students for a Democratic Society. Paralelamente ao movimento negro, ela torna-se o centro dinâmico das reivindicações políticas, abrindo caminho para a emergência dos movimentos *hippies*, feministas e homossexuais. Já a organização mais representativa da juventude negra é o SNCC – Student Nonviolent Coordination Committee –, que, assim como a SDS, surge primeiramente como suporte para os grupos pacifistas e os movimentos dos direitos civis, respeitando os limites democráticos mediante a resistência passiva e a rebeldia sem violência física. Sob a forte influência de Martin Luther King, o SNCC luta contra a segregação no *campus* universitário. Apesar das diferenças entre as duas principais organizações estudantis, podemos notar que, ante a conjuntura mais ampla, a SDS e o SNCC estão unidas em torno das questões nevrálgicas desse momento: as lutas contra a guerra no Vietnã e contra a discriminação dos negros.

---

3 Sobre a Nova Esquerda e a conjuntura dos movimentos de contestação nos EUA nos anos de 1960, ver principalmente: Gitlin, 1993, p.81-192: Isserman, 1993; Isserman & Kazin, 2000, p.165-86; e Miller, 1987, p.157-259.

A partir de 1964, o movimento da juventude negra se torna mais extenso, violento e radical, sob a influência da militância de Malcolm X, líder negro e revolucionário nacionalista, que prega a luta armada em legítima defesa e o pan-africanismo. O *slogan* "Black Power", que passa a ser utilizado pelo SNCC, ecoa em motins como o de 1965 em Watts e aqueles que marcam os verões "sangrentos" de 1966 e de 1967. Tais levantes são divulgados como um passo significativo na escalada da "guerra racial", levando muitos americanos a acreditar na existência da "guerrilha urbana". Uma das justificativas para a utilização da violência decorre da própria insuficiência das leis dos direitos civis de 1964 e do direito de voto de 1965. Do ponto de vista estratégico, contudo, não há unanimidade entre os grupos de esquerda, que permanecem internamente divididos entre a luta parlamentar e o confronto. O papel da violência na história passa a ocupar o centro do debate, atuando como um divisor de águas ante a defesa da revolução.

Assim, os ativistas do SNCC, da SDS e parte dos intelectuais militantes da Nova Esquerda passam a vislumbrar a possibilidade de aliança com as forças revolucionárias do Terceiro Mundo. A influência da luta armada maoísta torna-se bastante presente nos movimentos de contestação norte-americanos. Para a maioria da esquerda — e não apenas para os discípulos de Mao —, a luta contra a guerra e o movimento negro estão efetivamente ligados, contribuindo para o aumento da adesão à política do confronto que, apesar de ser rechaçada por alguns líderes veteranos da Nova Esquerda, começa a ocupar o espaço anteriormente destinado à estratégia pregada pelas organizações dos direitos civis. A argumentação contrária à violência revolucionária não encontra respaldo nos *campi* universitários, principalmente em 1968, o "ano da barricada", quando as manifestações incorporam formas de desobediência civil, como, por exemplo, a queima das convocações para a guerra do Vietnã que, nesse ano, é palco da maior ofensiva dos EUA — o Tet. As investidas policiais atingem várias pessoas, matando três delas, durante os motins de fevereiro, desencadeando uma reação ainda mais violenta, quando os ativistas negros passam a atirar em locais públicos (Gitlin,

A VIOLÊNCIA REVOLUCIONÁRIA EM HANNAH ARENDT E HERBERT MARCUSE   **111**

1993, p.313-4). Cresce o medo de estarem sendo vigiados pelo FBI. Os estudantes brancos e parte significativa da Nova Esquerda se unem aos "Panteras Negras", que surgem com o apoio do SNCC e cujo líder, Stokley Carmichael, prega a luta armada e o boicote às eleições presidenciais, recusando as formas de resistência passiva. Os conflitos armados entre a polícia e os negros "radicais" tomam as ruas. A "guerra civil" parece ameaçar a "paz" norte-americana.

Marcuse, líder destacado de um grupo de imigrados radicais, no interior da Nova Esquerda, denominado SANE – the National Committee for a Sane Nuclear Policy –, mostra que, apesar de toda concentração de poder do sistema vigente, estão vindo à tona diferentes formas de contestação. A nova oposição, a seu ver, é marcada por características bastante peculiares, pois não é

> ... com exceção de alguns pequenos grupos, ortodoxamente marxista ou socialista. Caracteriza-se por uma profunda desconfiança contra todas as ideologias, contra, também, a ideologia socialista, pela qual muitos acreditam, de certo modo, ter sido traídos e da qual estão desiludidos. A nova esquerda – ainda com exceção de pequenos grupos –, ademais, não está fixada de modo algum na classe operária como classe revolucionária. Além disso, não pode, de modo geral, ser definida em termos de classe. É composta de intelectuais, de grupos do movimento pelos direitos civis e da juventude, principalmente de elementos radicais da juventude. (Marcuse, 1968b, p.80-1)

Ao analisar a pouca ortodoxia dessas forças sociais de transformação, Marcuse mostra que, além dos integrantes da Nova Esquerda, delas fazem parte também os marginalizados, ou mais especificamente os "subprivilegiados" (ibidem, p.82) que não podem ter sequer suas necessidades mais elementares satisfeitas, apesar do capitalismo "altamente desenvolvido". Fazem parte desse grupo as minorias nacionais e raciais, os presos – que por meio de rebeliões nas penitenciárias de Oregon, Raleigh, Ohio, Columbia, Atlanta, em 1968, procuram chamar a atenção da opinião pública para o tratamento que lhes é dispensado – e as massas do Terceiro Mundo. Os "subprivilegiados", e não mais a classe trabalhadora integrada ao sistema, conservam da teoria marxista a peculiaridade de ser constituídos por esferas sociais libertas das benesses do capitalismo (idem, 1969, p.32-3).

Em 1955, a Conferência Afro-Asiática de Bandung, na Indonésia, torna-se um marco importante para a organização e solidariedade da luta contra o colonialismo dos países pobres que optam pelas teses do não alinhamento, visando a descaracterizar o conflito Leste/Oeste. Até essa data, o continente africano conta com apenas cinco Estados independentes; em 1965, esse número aumenta para 36. O Movimento dos Não Alinhados, no início dos anos de 1960, durante a Conferência sobre Comércio e Desenvolvimento da ONU – UNCTAD –, defende várias propostas para o desarmamento, o desenvolvimento e a descolonização – os três "Ds" –, temas centrais para os povos do Terceiro Mundo.[4] Embora Marcuse constate que há uma profunda relação entre os movimentos de libertação nacional dos países atrasados e a oposição fundamentalmente intelectual daqueles industrialmente avançados, mostra que essas duas formas de organização encontram-se praticamente ilhadas, e superar tal hiato faz parte de sua proposta política. Deve-se levar em conta, contudo, as peculiaridades dos povos colonizados, que sentem a "necessidade natural" de defender a vida contra a agressão, enquanto nas sociedades desenvolvidas o que existe é a recusa de participar de seus "benefícios" em busca de uma modificação "qualitativa da necessidade". "Em ambos os polos, portanto, a nova necessidade está potencialmente presente" (ibidem, 1969, p.32-3).

Apesar da diversidade das reivindicações do movimento estudantil em cada país, ele tem como objetivo comum o protesto contra o capitalismo e seus cúmplices no Terceiro Mundo. Compreende-se, então, a importância atribuída por Marcuse ao ME,[5] conce-

---

4 A Conferência de Bandung, ao fundir o neutralismo asiático e o nacionalismo árabe, passa a ser um marco na luta contra o colonialismo, que assume um caráter mais organizado e solidário entre as várias regiões da África e da Ásia. Sobre a Conferência de Bandung e a UNCTAD, ver Manduca, 1995, p.18-49.

5 Marcuse também, em sua correspondência com Adorno em 1969, defende a importância do movimento estudantil naquela conjuntura específica, contrapon-

bendo-o "... como classe intelectual, destinada a fornecer os quadros dirigentes da sociedade atual" (ibidem, p.25). Ou seja, em razão de sua posição privilegiada, as organizações estudantis podem contribuir para o desenvolvimento de uma "consciência radical" como base de partida para uma luta mais ampla (idem, 1981, p.59). Ao posicionar-se favoravelmente aos protestos que eclodem no final dos anos de 1960, Marcuse integra-se ativamente na militância política que ele mesmo está propondo a todos os intelectuais empenhados em buscar a ruptura desse sistema, mediante da união da "teoria e prática", principalmente diante da integração da classe trabalhadora ao capitalismo monopolista:

> Na medida em que o trabalhismo [sic – trabalho organizado], a mão de obra sindicalizada, atua em defesa do *status quo*, e na medida em que a cota-parte de trabalho humano no processo material de produção declina, as aptidões e capacidades intelectuais tornam-se fatores sociais e econômicos. ... Que a ideia pareça profundamente irrealista não reduz a responsabilidade política subentendida na posição e na função do intelectual na sociedade industrial contemporânea. (idem, s.d.a, p.23)

Marcuse mantém aqui a análise da "ideologia da sociedade industrial" que "... reproduz na consciência e na estrutura pulsional dos indivíduos necessidades materiais e espirituais legitimadoras do sistema" (Loureiro, 1999, p.8); mas, a partir da eclosão dos diversos protestos e rebeliões tanto nos países industriais avançados quanto nos terceiro-mundistas, passa a acreditar que eles podem atuar como um estopim para a emancipação da humanidade. O alto desenvolvimento das forças produtivas atingido pela história cria objetivamente essa possibilidade, sendo o trabalho educativo o mais necessário, por causa da importância da mobilização de amplas massas politizadas. Os intelectuais, não apenas por razões culturais,

---

do-se ao posicionamento político até mesmo de colegas seus frankfurtianos, particularmente o de Adorno, ante os protestos estudantis (ver Adorno & Marcuse, 1997, p.14-5).

mas por serem econômica e materialmente privilegiados, devem desempenhar esse trabalho com o operariado integrado, incapaz de qualquer ação política que não seja a de contribuir para a solidez do *status quo*, e os excluídos do Terceiro Mundo.[6]

Entre aqueles que estão fora dos mecanismos integradores, o proletariado do Terceiro Mundo constitui o grupo social que ocupa uma posição determinante no processo de produção e de reprodução dos bens materiais e sobre o qual se descarrega todo o peso da opressão, vivendo em condições similares às do operariado europeu do século XIX. Existem também camadas inteiras que talvez não possam sequer ser classificadas, como as minorias raciais e nacionais, os desempregados permanentes, os pobres, os que não têm nada que possa ser tributado e os presos, os quais representam a "negação viva do sistema" (Marcuse, 1999d, p.49). Esses grupos, sendo as maiores vítimas do terror e da força mais brutal do sistema, podem abrir fissuras na ordem estabelecida, contribuindo para uma possível, embora remota, solução revolucionária. O aflorar dos movimentos negros, dos motins nos presídios e da luta no Terceiro Mundo explicita que trazer o povo para o centro das decisões políticas não significa apenas uma explosão "instintiva", "irracional". Eles estão produzindo novas formas de contraeducação, de "desmascaramento" de uma sociedade que concilia a pluralidade democrática com o totalitarismo, mostrando constantemente a necessidade do protesto, da denúncia, podendo inclusive despertar para a luta o trabalhador integrado, que não percebe que a elevação de seu nível de vida foi alcançada com a intensificação do trabalho alienado e que, portanto, o *status quo* por ele legitimado é o mesmo que perpetua sua fadiga. A vanguarda intelectual, que recusa a ordem vigente e tem dela uma visão mais global, também deve atuar como catalisadora dessas novas forças, por meio da educação política. Está presente

---

6 Marcuse, em seu artigo "Tolerância Repressiva", também ressalta a importância do papel do intelectual em preservar e recordar as possibilidades históricas em que a tolerância atua como uma força humana e libertadora, e não como um instrumento da opressão (cf. Marcuse, 1970, p.87).

aqui a ideia de revolução, na esteira da teoria marxista, no sentido em que ela tem sua realização possível na junção da teoria crítica com aqueles que, "livres" das benesses do sistema, são movidos pela necessidade.

Ao enfrentar a problemática das teorias do "sujeito revolucionário" na sociedade unidimensional, Marcuse realça que, à medida que a diferença entre as aspirações do operariado integrado e as das demais classes praticamente desaparece, parece deixar de existir a "base material" que carrega a necessidade da transformação social. Ao mesmo tempo, porém, continua sustentando a concepção de Marx de que os círculos mais desenvolvidos da classe trabalhadora, os materialmente mais bem situados, devem exercer papel central no movimento transformador do existente. Como, então, trazer a classe operária dos países desenvolvidos de volta para seu papel de "sujeito revolucionário" ante a eficiência do processo de integração? Os novos atores e as novas rebeliões são capazes de incorporá-los à luta, uma vez que insiste ser fundamental a mobilização de amplas massas politizadas?

Ao vislumbrar a solução a partir da aliança do Terceiro Mundo com os novos sujeitos da oposição dos países industriais desenvolvidos, Marcuse não apresenta pistas para a junção de forças tão díspares. Há uma grande ênfase no apoio que os intelectuais têm de dar aos povos colonizados, imediatamente mais ocupados com o "problema brutal da simples conservação da vida", devendo ser deixada para depois a contribuição que estes podem oferecer aos movimentos de protesto do Primeiro Mundo (Marcuse, 1999a, p.78). Ele está enfrentando, sem resolver, uma situação histórica que apresenta sob novas formas um problema central das teorias revolucionárias anticapitalistas, que desafia particularmente a tradição marxista: a que diz respeito à questão da conciliação da "ciência" com a revolta vinda da necessidade.

Nesse sentido, a influência da conjuntura sobre os textos escritos por Marcuse se explicita nas suas oscilações em catalogar a atualidade histórica como revolucionária ou não, quer no seu aspecto "objetivo", quer no "subjetivo". Também não há uma argumentação sólida sobre a possibilidade de as novas forças de oposição estarem preparadas para desencadear um processo de transformação radical, mesmo se pensado a longo prazo, principalmente no que diz respeito à remota possibilidade da adesão do operariado "integrado". Ele continua defendendo a rebelião contra o "todo", o salto qualitativo, o socialismo e, por isso, se identifica com os movimentos que se aproximam dessas propostas, enfatizando a importância dos intelectuais e do movimento estudantil, que, a seu ver, devem atuar na educação das massas para a "mudança radical". Um dos caminhos fundamentais para quebrar o domínio da falsa consciência é o da oposição ao sistema de educação tecnocrático que conduz ao treinamento, e não à formação cultural. Ele combate enfaticamente a concepção da universidade como uma instituição que busca apenas transmitir o conhecimento voltado a uma aplicação imediata na "produção", na "estratégia militar", dependendo diretamente do apoio financeiro do governo e das grandes fundações interessados no controle humano e na regulação do mercado. Defende, assim, a "universidade livre" como uma importante instância de "contra-politização" (Marcuse, 1968b, p.84) em prol da libertação da consciência na qual a oposição é educada e se educa. Isso pode e deve ocorrer no interior das instituições educacionais já existentes, mediante a pressão crescente do ME e dos professores contra o domínio do Ministério da Defesa norte-americano que, em virtude de seu privilégio de conceder subvenções, determina a direção da ciência e a da tecnologia, comprometendo a liberdade acadêmica por ser uma das principais fontes de capital para as pesquisas universitárias federais, garantindo que 90% delas sejam destinadas a programas militares (cf. McCarthy, 1968, p.41-3).

As formas de ação política da "nova oposição", os seus objetivos e as suas perspectivas remetem diretamente à questão "contra o que essa oposição é dirigida?", uma vez que a luta deve ser travada não contra o "terror", mas contra uma sociedade que funciona "extraordinariamente" bem, conseguindo eliminar a miséria e a pobreza de maneira inusitada. Contudo, seu "outro" e mesmo "lado" deve ser levado em conta, ou seja, o fato de essa mesma sociedade se manter,

A VIOLÊNCIA REVOLUCIONÁRIA EM HANNAH ARENDT E HERBERT MARCUSE **117**

externamente, por meio do apoio aos "repressivos estados policiais", às "ferozes ditaduras" e de, internamente, tratar as minorias raciais e nacionais como "cidadãos de terceira classe", mediante a mobilização das forças armadas para combater as manifestações dos negros e da Guarda Nacional, que invade seus guetos a fim de impedir novos protestos.

A crescente militarização dos Estados Unidos nos anos de 1960 incide diretamente nas nações "subdesenvolvidas", e em 1968 as "missões militares" tornam-se efetivas em mais de 50 países (ibidem, p. 41-3). A correlação entre a vitória do socialismo em Cuba e o aumento da "colaboração" militar oferecida pelos norte-americanos, destinada à "contrainsurreição", torna-se exemplar com a ocupação da República Dominicana em 1965 por sua artilharia e suas unidades móveis, incluindo forças aéreas e terrestres, que sustentam a "ditadura legal" de Balaguer contra o poder popular armado.[7] Diante da ameaça do alastramento da guerrilha na América Latina, os Estados Unidos orientam os golpes militares, como no caso do Brasil, da Argentina, da Bolívia, da Guatemala, fato que pode ser evidenciado pela proposta por eles levada na VIII Conferência dos Exércitos Americanos realizada no Rio de Janeiro, em setembro de 1968, de priorização dos armamentos para o combate a guerrilheiros e terroristas, contra os quais devem ser utilizadas armas leves e novas táticas.[8] Nesse mesmo ano, os Estados Unidos chegam ao contingente máximo de 500 mil homens em operações no Vietnã. No México, a "fúria" das forças armadas desencadeia uma rara "carnificina", quando mais de trezentas pessoas são mortas durante uma manifestação estudantil na Praça das Três Culturas em 2 de outubro de 1968, e várias outras são vítimas do "terror" que se instala por meio de prisões e torturas (Reis Filho & Moraes, 1998, p.40). A ofensiva política, ideológica, econômica e militar americana, durante os anos

---

7 Sobre a intervenção dos Estados Unidos na República Dominicana, ver Petras, 1967, p.16-31.

8 Cf. "Os Exércitos estão reunidos – Combate ao inimigo interno, nova tática para as forças americanas", *Veja*, 25/9/68.

de 1960, ocorre também em uma vasta área da Ásia e da África: no levante de Ghana, no qual o governo de N'Krumah é deposto; no crescimento das forças da reação em vários dos países que estão em luta contra o neocolonialismo; no triunfo "sangrento" do anticomunismo da Indonésia em 1965, quando cerca de 500 mil pessoas são massacradas depois que Suharto chega ao poder, significando uma grande vitória para a contrarrevolução na Ásia; no golpe militar direitista na Grécia; no conflito judeo-árabe, em que há o alinhamento da política de Israel — que tem sua economia dependente das "doações" americanas durante a Guerra Fria — à "orientação" norte--americana contra a luta pela emancipação dos povos árabes.[9]

A partir dessas constatações, Marcuse trava um instigante debate em torno da complexa questão da democracia, afirmando que ela deve ser a grande bandeira de luta da oposição, uma vez que as verdadeiras condições para sua realização estão ainda para ser criadas (cf. Marcuse, 1969, p.42),[10] pois por

> ... trás do véu tecnológico, por trás do véu político de democracia, surge a realidade, a servidão universal, a perda de dignidade humana em uma liberdade de escolha pré-fabricada. E a estrutura do poder já não é "sublimada" no estilo de uma cultura liberalista [sic — liberal], já não é sequer hipócrita (quando retinha, pelo menos, as "formalidades", a concha da dignidade), mas brutal, despida de todas as falsas aparências de verdade e justiça. (idem, 1981, p.23)

Assim, Marcuse faz uma contundente crítica à "democracia burguesa", enfatizando que não se pode desvincular a esfera política da esfera econômica, pois para ele a ... pobreza e [a] exploração foram produtos da liberdade econômica; repetidamente, povos foram libertados em todo o mundo por seus amos e senhores, e a nova liberdade dessas gentes redundou em submissão não ao império da lei,

---

9 Cf. Sobre o Conflito Judeo-Árabe — entrevista de Isaac Deutscher à New Left Review. *Teoria e Prática*, n.3, 1968, p.5-24.

10 Marcuse, ao tematizar a luta pela democracia real, afirma que dela faz parte o combate à "ideologia da tolerância" que fortalece a manutenção do *status quo* da desigualdade e da discriminação (cf. Marcuse, 1970, p.125-6).

A VIOLÊNCIA REVOLUCIONÁRIA EM HANNAH ARENDT E HERBERT MARCUSE **119**

mas ao império da lei dos outros (ibidem, p.24-5). Diante disso, a oposição deve inscrever-se na luta pela democracia direta da maioria que

> ... ainda continua sendo uma forma de governo ou administração para a construção do socialismo, [pois] é improvável que a "democracia burguesa" forneça o "campo de operações" propício a uma transição para o socialismo. Nem tal campo pode ser recuperado se já deixou de existir: a tendência totalitária do capitalismo monopolístico [sic – monopolista] milita contra essa estratégia e o desmascaramento de sua pseudodemocracia faz parte da contraeducação política. (ibidem, p.58)

Faz parte desse processo criar condições para a emancipação não apenas das "vítimas" da ordem social vigente, mas também daqueles que, por meio de seus votos e contribuições fiscais, dão suporte ao sistema mantendo as "pseudodemocracias" que "violam" os direitos dos cidadãos, impedindo a efetiva participação do povo nas decisões políticas. Nesse sentido, é fundamental trazer à tona a ambivalência do *slogan* da esquerda "o poder ao povo", que expressa...

> a verdade de que "o povo", a maioria da população é, de fato, distinta do governo e está separada deste, que o autogoverno do povo ainda tem de ser conquistado. Significa que essa meta pressupõe uma mudança radical nas necessidades e na consciência do povo.[11] O povo que dispuser do poder para libertar-se não seria o mesmo povo, não seriam os mesmos

---

11 Marcuse aprofunda a questão do "autogoverno" do povo em seu livro *Contrarrevolução e Revolta*, como podemos acompanhar na citação seguinte: "Um tal desenvolvimento recuperaria uma fecunda realização da tradição revolucionária, os 'conselhos' ('sovietes', *Räte*) como organizações de autodeterminação e autogoverno (ou, melhor, de preparação para o autogoverno) nas assembleias populares locais. Seu reaparecimento é indicado não só pelo obsoletismo histórico dos partidos burocráticos de massa, mas também pela necessidade de encontrar, como seus herdeiros históricos, novas fontes adequadas de iniciativa, organização e liderança. ... Os conselhos serão órgãos da revolução tão só à medida que representem o povo *em revolta*. Não estão aí apenas para serem eleitos pelas fábricas, escritórios, bairros e acabou-se; o seu surgimento pressupõe uma nova consciência – a da quebra irreversível do domínio do *"Establishment"* sobre o trabalho e o lazer do povo" (Marcuse, 1981, p.50-1).

seres humanos que hoje reproduzem o *status quo* – ainda que sejam os mesmos indivíduos. (Marcuse, 1981, p.52)

Marcuse, defendendo tenazmente a democracia direta, mostra que o que está, de fato, em pauta, é a busca de uma alternativa à "democracia burguesa", que só pode ser pensada no terreno da ruptura revolucionária da ordem social existente (idem, 1969, p.110). Ele posiciona-se, portanto, favoravelmente a esse campo de "ação política", explicitando as duas formas de luta que, a seu ver, devem ser abraçadas pela oposição "extraparlamentar": "... a do trabalho do esclarecimento no interior da ordem existente e a de uma oposição que, através desse mesmo trabalho de esclarecimento, através da oposição extraparlamentar, tenda a ultrapassar a ordem existente, a transcender o existente" (ibidem, p.131-2).

O movimento estudantil nos Estados Unidos em 1968 é fortemente marcado pelas ocupações de universidades em Cornell, Boston, Ohio, Berkeley, Columbia, assim como pela interrupção das aulas em situações de "brutal repressão", considerados atos legítimos de protesto político por Marcuse. Os conflitos com os policiais se espalham de San Francisco a Nova York. Um de seus pontos culminantes é a Convenção do Partido Democrata em Chicago (cf. Gitlin, 1993, p.321), no mês de agosto, quando a polícia ataca de forma violenta os jovens que protestam contra o partido responsável pela guerra do Vietnã. Para Marcuse, a proposta do ME corresponde à recusa da luta parlamentar. Esses episódios comprovam também que a democracia capitalista é mantida pelo uso da violência. Assim, ele se posiciona radicalmente contra a acusação de que são os estudantes os praticantes do "terror", pois não "... se chama de violência o que ocorre no Vietnã, não se chama de violência o que é feito pela polícia, não se chamam violência as devastações, torturas, degradações que ocorrem no capitalismo – a expressão 'violência' encontra-se restrita à oposição" (Marcuse, 1999a, p.79). Rechaça, dessa maneira, o argumento de que a violência da oposição seja igualada à dos dominantes (cf. Adorno & Marcuse, 1997, p.16), estabelecendo uma contra posição entre a "violência da opressão" e a "violência da libertação".[12] A seu ver, as organizações estudantis visam, prioritariamente, impedir o desenvolvimento de um regime de força.[13] Abre-se espaço, assim, para uma explicação alternativa, que leva em conta a vontade de construir um mundo novo presente no "espírito revolucionário" de 1968, a vontade de destruição do poder constituído com o intuito de instauração de uma nova racionalidade. Para tanto, a violência revolucionária é concebida como um instrumento necessário à transformação social e não como uma força puramente destrutiva.

Marcuse afirma que a diferença entre violência e resistência está diretamente relacionada com o hiato existente entre o direito positivo e a *civil desobedience*, pois, a seu ver,

> ... o conceito de violência encobre ... duas formas muito diferentes: a violência institucionalizada do estado de coisas vigente e a violência da resistência, que, necessariamente, permanece ilegal em face do direito positivo. Falar de uma legalidade da resistência é um "sem sentido". Nenhum sistema social, nem mesmo o mais livre, pode, constitucionalmente, ou de alguma outra maneira, legalizar uma violência dirigida contra esse sistema. Cada uma dessas duas formas encobre funções opostas. Há uma violência de libertação e uma violência de opressão. Há uma violência de defesa da vida e uma violência de agressão. E ambas estas formas de violência tornaram-se forças históricas e permanecerão forças históricas. (Marcuse, 1968b, p.56)

A distinção entre violência institucionalizada e força revolucionária, na argumentação de Marcuse, é central, pois enquanto aquela deve ser entendida como "arma das instituições", sendo o Estado o detentor de seu monopólio legítimo, esta deve ser exercida pelos grupos de oposição capazes de fazer ruir toda essa estrutura de do-

---

12 Marcuse diferencia a violência revolucionária da violência reacionária também em seu artigo sobre a tolerância (cf. Marcuse, 1970, p.106-8).

13 Adorno e Habermas fazem uma leitura totalmente distinta do Movimento Estudantil na Alemanha, apontando, inclusive, para os seus aspectos "fascistas" ao fazerem uso da violência (cf. Adorno & Marcuse, 1997, p.10).

122 MARIA RIBEIRO DO VALLE

minação inerente à sociedade capitalista (idem, 1981, p.58), por meio da *civil desobedience*:

> Esse conflito entre os dois direitos, entre a violência institucionalizada e o direito de resistência, leva em si o permanente perigo de um choque da violência consigo mesma, e isso ainda que o direito à liberdade seja sacrificado ao direito da ordem constituída e ainda que – como sempre ocorre na história – as vítimas sacrificadas à ordem superem numericamente às vítimas caídas pela libertação. Mas isso significa que a pregação do princípio da não violência não faz mais do que reproduzir a violência institucionalizada da ordem existente. Na sociedade industrial monopolista, a violência institucionalizada concentra-se, como jamais ocorreu no passado, no poder que permeia todo o corpo social. (idem, 1969, p.60)

A utilização da "violência revolucionária", pela "esquerda radical organizada", emerge como arma que, para garantir formas superiores de liberdade, é capaz de se opor à violência inerente à manutenção do sistema, uma vez que

> ... a economia inflacionada, a política de "defesa" de matar e massacrar, o adestramento para o genocídio, a normalização de crimes de guerra, o tratamento brutal da vasta população presidiária, acumularam uma alarmante reserva de violência na vida cotidiana. Bairros inteiros das grandes cidades foram abandonados ao crime – e o crime ainda é a diversão favorita nos meios de comunicação de massa. Onde essa violência ainda é latente, verbal ou expressa apenas em atos secundários (como surrar manifestantes), dirige-se primordialmente contra minorias impotentes mas notórias que se apresentam como estranhas criaturas perturbadoras do sistema estabelecido, que têm um aspecto diferente e estão fazendo coisas (ou são suspeitas de fazê-las) que os que aceitam a ordem social vigente não se permitem fazer. Esses alvos são os negros e os mestiços, os *hippies* e os intelectuais radicais. Todo esse complexo de agressão e de alvos indica um potencial protofascista por excelência. (idem, 1981, p.36)

Marcuse visa a desmontar os mecanismos formais que camuflam o protofascismo responsável por gerar a construção do "inimi-

A VIOLÊNCIA REVOLUCIONÁRIA EM HANNAH ARENDT E HERBERT MARCUSE **123**

go externo". As práticas discriminatórias incidentes sobre os "agentes subversivos", que ameaçam a "liberdade", justificam, assim, a violência do sistema para a preservação dos "integrados". Com efeito, ao advertir que em uma conjuntura onde há a integração das massas à "sociedade opulenta" o risco do fortalecimento do fascismo é latente, pergunta se a "ameaça de uma catástrofe atômica, que poderia exterminar a raça humana, não servirá, também, para proteger as próprias forças que perpetuam esse perigo?" (idem, 1978, p.13; 1968a, p.9). Isso posto vai além da denúncia do caráter violento desse sistema, justificando a necessidade da "violência revolucionária" em defesa da vida.

Aqui se explicita a fragilidade da argumentação de Marcuse ante o problema da legitimidade da violência que gera uma grande polêmica na conjuntura dos anos de 1960, dividindo não apenas os intelectuais de várias filiações ideológicas não diretamente engajados no movimento, mas os próprios militantes da Nova Esquerda. Como garantir que a agressão vinda dos movimentos de protesto vá desembocar em uma sociedade livre? É suficiente a distinção entre duas formas de violência, aquela exercida em nome da vida e aquela utilizada em seu detrimento? No entanto se deve frisar que não se trata aqui de apresentar respostas a essas questões, que escapam aos nossos objetivos. Não podemos também correr o risco de banalizá-las uma vez que elas remetem a um tema nobre da antropologia e da filosofia política que não pode ser reduzido a dicotomias como violência ou não violência. Contudo, Marcuse possui um grande mérito ao enfrentar essa discussão no calor da hora, quando a violência emerge na teoria e na prática dos movimentos de contestação que acabam ficando sem alternativas "democráticas", "legais", para a consolidação de seus objetivos. E ele vai além, pois, ao retomá-la à luz da tradição marxista, não perde de vista que o controle exercido pela sociedade industrial desenvolvida, prescindindo da forma do "terror", torna-se ainda mais violento ao camuflar o aniquilamento do homem todo e de todos os homens com as conquistas materiais do progresso tecnológico e científico. Se as alternativas por ele apresentadas rumo ao socialismo são frágeis pela própria experiência incipiente das novas rebeliões, há uma análise bastante consistente do contramovimento maciço do capitalismo monopolista, especialmente sob a hegemonia dos EUA, que recria o imperialismo e as novas formas de genocídio para a expansão de seu domínio sobre os diversos países do Terceiro Mundo. As ideias defendidas em *A Ideologia da Sociedade Industrial* permanecem, confirmando que as amarras do homem unidimensional ainda são fortes obstáculos para a transformação social.

Embora, como acabamos de ver, Marcuse afirme que as forças de resistência não podem prescindir da agressividade porque, imersas na sociedade unidimensional, encontram-se, inexoravelmente, localizadas no campo da violência, elas devem compreender a necessidade de uma organização racional para que não desemboquem em atos de "barbarismo",[14] já que visam, em seu projeto explícito, ao fim e, portanto, à destruição dessa forma de sociedade, e não à aniquilação de toda a humanidade:

> ... no curso de um movimento revolucionário, desenvolve-se indubitavelmente uma forte carga de ódio que, ademais, é indispensável à causa, porque sem ela a libertação não seria sequer possível. Por outro lado, nada é mais repugnante do que a prédica pietista, "não odeie o seu adversário", pronunciada em um mundo no qual o ódio é inclusive institucionalizado. No próprio curso do processo revolucionário, esse ódio pode naturalmente transformar-se em crueldade, em brutalidade e em terror. Mas o limite entre o ódio e suas degenerescências é terrivelmente incerto. ... (Marcuse, 1969, p.40-1)

Essas questões remetem diretamente à discussão da ética da revolução, ou seja, da necessidade de distinção entre a violência justi-

---

14 Podemos notar no artigo de Marcuse sobre a tolerância que a crítica feita por ele à distinção estabelecida por Robespierre entre o terror da liberdade e o terror do despotismo, afirmando que a glorificação moral do primeiro pelo líder revolucionário enquadra-se nas aberrações mais convincentemente condenadas, é emblemática de seu repúdio ao terror e, portanto, à glorificação da violência (cf. Marcuse 1970, p.107).

A VIOLÊNCIA REVOLUCIONÁRIA EM HANNAH ARENDT E HERBERT MARCUSE **125**

ficada e aquela que jamais pode ser, por meio de um "cálculo histórico"[15] que possa contribuir para avaliar as possibilidades de transformar "aquilo que é" naquilo que "pode e talvez devesse ser", em termos do progresso humano no sentido da realização da liberdade e felicidade individuais, vinculadas ao bem público:

> ... Independentemente de quão racionalmente os meios revolucionários possam ser justificados em relação às possíveis chances de alcançar liberdade e felicidade para as gerações futuras e, assim, justificar a violação dos direitos e das liberdades existentes, até mesmo da própria vida, existem formas de violência e de repressão que não podem ser justificadas por nenhuma situação revolucionária, porque negam precisamente o fim para o qual a revolução é um meio. A violência arbitrária, a crueldade e o terror indiscriminado pertencem a essa categoria. Contudo, no *continuum* histórico as revoluções estabelecem seu próprio código moral e ético, tornando-se, assim, a origem e a fonte de novas normas e valores universais. (idem, 1998a, p.144-5)

A ética da revolução e a possibilidade de aplicar seus critérios à utilização da violência, a partir mesmo da legitimidade dos sacrifícios inerentes ao processo revolucionário, parecem ser uma questão levantada, mas não resolvida por Marcuse. Não existe, portanto, nada que garanta efetivamente um controle completo sobre a violência a partir do momento em que ela é deflagrada. A própria leitura das grandes revoluções feita por Marx mostra como a adesão das massas às revoluções nem sempre ocorre segundo seus próprios interesses e, mesmo quando isso acontece, não há a certeza da conquista de seu objetivo maior, que é a instauração do socialismo, embora durante tais processos sempre possam ocorrer avanços nesse sentido. As conclusões de Marcuse fazem parte tanto da análise da conjuntura

---

15 Em seu artigo sobre a tolerância, Marcuse também defende a ideia de que o cálculo histórico do progresso requer a escolha entre duas formas de violência política: a legalmente constituída e a inerente aos movimentos potencialmente subversivos (cf. Marcuse, 1970, p.111).

dos anos de 1960 quanto do balanço positivo que ele faz da história das grandes revoluções, ou seja, do olhar sobre o próprio processo histórico:

> Com todas as ressalvas de uma hipótese baseada numa crônica histórica "aberta", parece que a violência que emana da rebelião das classes oprimidas rompe o contínuo histórico de injustiça, crueldade e silêncio durante um breve momento, breve, mas suficientemente explosivo para promover o aumento do escopo de liberdade e justiça, e uma melhor e mais equitativa distribuição da miséria e da opressão no novo sistema social – em suma: progresso na civilização. As guerras civis inglesas, a Revolução Francesa, as revoluções chinesa e cubana ilustrarão a hipótese. (Marcuse, 1970, p.111)

5
HANNAH ARENDT: A RECUSA DA LEITURA HEGELIANO-MARXISTA SOBRE AS GRANDES REVOLUÇÕES

A leitura que Arendt faz dos pressupostos marxistas está atrelada a seus argumentos teóricos e a seu posicionamento político ante a história das revoluções. Apesar de a Revolução Francesa ter redundado em desastre a partir da entrada do "povo" em cena, é ela que "faz história" no mundo, papel que deveria caber à Revolução Americana – "triunfantemente vitoriosa". Assim, suas análises contrapõem a história dessas duas revoluções, posicionando-se de modo favorável ao processo americano e criticando com veemência o francês, em particular em sua fase jacobina, quando as massas entram na política.

Pensando na fundação da liberdade assim como Thomas Jefferson, por ela considerado o democrata radical entre os pais fundadores da República norte-americana, ou seja, como o direito de participação ativa nos negócios públicos, para Arendt os revolucionários do século XVIII deveriam visar apenas a restabelecer certos pactos e compromissos que tinham sido rompidos. Para tanto era necessário que houvesse a criação de um novo corpo político, a República, capaz de tornar as instituições estáveis.

O processo revolucionário americano, a seu ver, caracteriza-se desde o início pela experiência de participação política direta, por ter articulado um sistema de associações, já existente nas treze colônias, como fonte da legitimidade das autoridades constituídas. Ele não significa um começo radicalmente novo, mas apenas assegura legalmente o modo de comunidade política inventado no Novo Mundo. Já a Revolução Francesa é emblemática dos movimentos libertários que têm seu desfecho na restauração, na tirania e na petrificação, pela tentativa frustrada de criar instituições que permitam a participação política das massas incultas, introduzindo um significado inteiramente novo à ideia de igualdade, que passa a expressar um direito inato, pois as pessoas, pelo simples fato de terem nascido, são consideradas iguais. Essa nova noção significa, para Arendt, uma mudança radical, pois a concepção de que todos nascem livres e iguais implica que o exercício da política não é mais reservado apenas aos homens que estão livres do reino da necessidade (cf. Arendt, 1990, p.39).

A "rebelião legítima", na teoria medieval e pós-medieval, é entendida por Arendt apenas como uma contestação da autoridade constituída e não da ordem estabelecida, e mesmo que

> ... às pessoas fosse reconhecido o direito de decidir quem não deveria governá-las, certamente não o tinham para escolher quem deveria, e muito menos jamais houve registro de que as pessoas tivessem o direito de se governar a si próprias, ou de indicar aquelas de suas próprias fileiras para os negócios do governo. ... e não obstante houvesse bastante palavras na linguagem política pré-moderna para descrever a rebelião de súditos contra um governante, não havia nenhuma que descrevesse uma mudança tão radical que os próprios súditos se tornassem governantes. (ibidem, p.32-3)

Arendt posiciona-se contrariamente aos pressupostos inaugurados com a modernidade, pois, em sua análise, a liberdade,[1] como vimos, recebe um significado positivo apenas entre iguais. Assim, a

---

1 Neste início de capítulo retomamos parte da discussão sobre a liberdade e a igualdade em Arendt, bem como sua leitura das grandes revoluções, a fim de elaborarmos um contraponto com a tradição hegeliano-marxista, enquanto no capítulo sobre Tocqueville elas vêm à tona para que seja explicitada a estreita filiação de Arendt à tradição liberal conservadora.

A VIOLÊNCIA REVOLUCIONÁRIA EM HANNAH ARENDT E HERBERT MARCUSE **129**

igualdade, não sendo de forma alguma um princípio universalmente válido, deve ser aplicável apenas com restrições e no espaço que lhe é próprio: o domínio público. Ela condena veementemente, portanto, a guinada na concepção da política provocada pela entrada em cena das massas durante a Revolução Francesa, quando ocorre a abdicação da liberdade em face dos "ditames da necessidade":

> A realidade que corresponde a essa imaginária moderna é aquilo que, desde o século XVIII, veio a ser chamado de questão social, e que poderíamos, melhor e mais simplesmente, denominar de a existência da pobreza. Pobreza é mais do que privação, é um estado de constante carência e aguda miséria, cuja ignomínia consiste em sua força desumanizadora ... Foi sob o ditame dessa necessidade que a multidão acudiu ao apelo da Revolução Francesa, inspirou-a, impulsionou-a para a frente e, finalmente, levou-a à destruição, pois essa era a multidão dos pobres. ... Foi a necessidade, as urgentes carências do povo, que desencadeou o terror e levou a revolução à sua ruína. (ibidem, p.48)

Arendt, ao afirmar que a pobreza é inerente ao mundo administrativo, condena o fato de tal problema, por ser de origem doméstica, ser "atirado" ao espaço público durante a revolução. Assim, para ela, a consequência de maior alcance da Revolução Francesa foi o nascimento do moderno conceito de História na filosofia de Hegel,[2] pois a crença desse teórico na irresistibilidade da necessidade, "... – estando a violência e a necessidade em movimento, e arrastando a tudo e a todos em suas correntezas – era a visão familiar das ruas de Paris durante a revolução, a visão dos pobres que afluíam em torrentes às ruas" (Arendt, 1990, p.90). Um outro aspecto do pensamento hegeliano, criticado fortemente por Arendt, derivado das experiências do processo revolucionário francês e que exerce uma influência direta nos revolucionários dos séculos XIX e XX, diz respeito

---

2 Arendt também critica a Filosofia Política de Marx, como desdobramento do significado da hegeliana, em um capítulo intitulado "O Conceito de História antigo e moderno" (cf. 1972c, p.112-7).

... ao caráter do movimento histórico, o qual, segundo Hegel e todos os seus adeptos, é, ao mesmo tempo, dialético e movido pela necessidade: da revolução e da contrarrevolução, do 14 de julho ao 18 de Brumário e à restauração da monarquia, nasceu o movimento e o contramovimento dialético da História, que arrasta os homens em sua corrente irresistível, como um poderoso caudal subterrâneo, ao qual devem submeter-se no próprio instante em que tentam estabelecer a liberdade sobre a terra. Esse é o significado da famosa dialética da liberdade e da necessidade, em que ambas finalmente coincidem – talvez o mais terrível, e, humanamente falando, o mais intolerável paradoxo de todo o pensamento moderno. (ibidem, p.43-4)

Para Arendt, a ideia de que a pobreza deve ajudar os homens "a romper as algemas da opressão", embora seja inconcebível antes do transcurso da Revolução Francesa, torna-se familiar por meio dos pressupostos de Marx, fato que faz que a partir desse momento as revoluções passem definitivamente à influência da Revolução Francesa e ao predomínio da questão social, relegando ao esquecimento a experiência da revolução americana (ibidem, p.48-9). Arendt, contrária aos pressupostos teóricos de Marx, busca então deslegitimá-los pelo seu "anacronismo", qualificando de "pretensioso" seu propósito de atribuir caráter científico à sua interpretação política da história.[3]

Com efeito, Arendt procura identificar na própria trajetória dos escritos de Marx os "reducionismos" e "contradições" de sua "economia política", uma vez que

... em seus primeiros trabalhos, ele falava da questão social em termos políticos, e interpretava o estado de pobreza como incluído nas categorias de opressão e exploração; contudo, foi igualmente Marx quem, em quase todos os seus escritos após o Manifesto comunista, reformulou, em termos econômicos, o élan genuinamente revolucionário de sua juventude. Onde ele inicialmente enxergou a violência humana e a opressão do homem pelo homem, enquanto outros acreditavam existir algu-

---

3 Arendt responsabiliza Marx por romper com a tradição do pensamento político ao "repudiar" a Filosofia para poder "realizá-la na política" (cf. Arendt, 1972a, p.44-8).

A VIOLÊNCIA REVOLUCIONÁRIA EM HANNAH ARENDT E HERBERT MARCUSE **131**

ma necessidade inerente à condição humana, mais tarde interpretou como sendo as leis implacáveis da necessidade histórica, agindo por trás de cada violência, cada transgressão e cada violação. ... Dessa forma, o papel da revolução não seria mais libertar os homens da opressão de seus semelhantes, nem muito menos instituir a liberdade, mas libertar o processo vital da sociedade dos grilhões da escassez, e fazê-lo avolumar-se numa torrente de abundância.[4] A abundância, e não a liberdade, tornara-se agora o objetivo da revolução. (idem, 1990, p.48-9)

Os pressupostos teóricos de Marx que, segundo Arendt, levam a uma capitulação da liberdade ante a necessidade, resultam da experiência de "seu mestre em revolução", Robespierre, bem como influenciam seu discípulo Lênin. Eles tornam-se insustentáveis não apenas para explicar a dinâmica da Revolução Francesa, como também para dar conta das experiências revolucionárias das quais Marx e Lênin são espectadores: a Comuna de Paris de 1871 e os sovietes, respectivamente. A partir dessa perspectiva, a revolução emerge como um meio de tomada do poder pelo povo, fato que seus próprios defensores, pela interpretação arendtiana, acabam por colocar em xeque quando os órgãos populares formados espontaneamente durante a revolução pretendem sobreviver (ibidem, p.205-6).

Tal fato confirma, segundo Arendt, que, quando confrontados com a história das revoluções, Marx e Lênin acabam sendo convencidos de que um "povo incompetente" é incapaz de vencer a pobreza em condições de igualdade política. Marx, por estar "obcecado" pela questão social, unindo economia e política, deixa de dar a devida atenção às questões do Estado e do governo − especificidades da esfera pública. Não podemos deixar de registrar que as afirmações arendtianas não são de natureza histórica, uma vez que Marx enaltece a experiência da Comuna de Paris, como vimos, sem que haja nela uma contradição perante suas teorias. Na história da democra-

---

4 Arendt analisa criticamente o fato de que a igualdade passa a ser pensada, no mundo moderno, a partir da noção de "trabalho" (cf. Arendt, 1990, p.18-9). Arendt enfrenta essa questão também em várias passagens de seu livro *Entre o Passado e o Futuro* (ver 1972b, p.59-60).

cia popular, a cooperação nas unidades comunais desempenha um papel essencial. Sendo assim, suas análises sobre as experiências revolucionárias não têm contato com os fenômenos históricos reais que ela se propõe a descrever, o que leva, segundo Hobsbawm (1985, p.205-7) apenas a um processo de generalizações inconsistentes.

Na concepção arendtiana, se, por um lado, a pobreza força o homem a agir como escravo, por um outro e mesmo lado, a riqueza privada torna-se a condição para a admissão na vida política pelo fato de os proprietários não terem de prover por si mesmos as necessidades mais urgentes da existência e por não estarem empenhados na acumulação de riquezas. Arendt condena, portanto, os revolucionários que buscam associar o reino da liberdade à soberania popular, criando canais de decisão política, voltados para realizar a vontade do povo, manifesta na revolta vinda da necessidade. A seu ver, a necessidade não é criadora de novas instituições, estas sim fundamentais (como mostra a Revolução Americana), pois a lei deve ter como fonte não o povo, mas a constituição, algo objetivo, durável e que não pode ser mudado segundo os ventos da vontade popular. Contrariamente, na Revolução Francesa, a vontade absoluta do povo prevalece (Arendt, 1990, p.72). Ela ressalta, assim, as terríveis consequências da mudança do significado da palavra "povo" no percurso da Revolução Francesa ao abranger, pela primeira vez, aqueles que não participavam do governo, as classes inferiores da população. A deificação do povo, na França, resulta na tentativa de derivação da lei e do poder dessa única fonte:

> ... Os homens da Revolução Francesa, não sabendo distinguir entre violência e poder, e convencidos de que todo poder emana do povo, abriram a esfera política para essa força pré-política natural da multidão, e foram arrastados por ela, assim como o rei e os antigos poderes haviam sido anteriormente. (ibidem, p.146)

Em contrapartida, os homens da Revolução Americana

> ... entendiam o poder como o próprio oposto de uma violência pré-política natural. Para eles, o poder surgiu quando e onde o povo

A VIOLÊNCIA REVOLUCIONÁRIA EM HANNAH ARENDT E HERBERT MARCUSE **133**

passou a se unir e a se vincular através de promessas, pactos e compromissos mútuos; apenas o poder alicerçado na reciprocidade e na mutualidade era poder real e legítimo. (ibidem)

Há aqui novamente a defesa da "versão horizontal" do contrato em Locke que, segundo Arendt, é edificado sobre a ideia de consentimento, em que todos os contratos e acordos se apoiam na reciprocidade entre aqueles considerados cidadãos, dispensando a noção de governantes e governados. Essa concepção arendtiana está enraizada também na interpretação de Tocqueville sobre o governo republicano existente nos Estados Unidos que, sem disputa ou oposição, por um acordo tácito, chega a uma espécie de *consensus universalis*. Podemos notar um importante contraponto a essa noção da política, enaltecida por Arendt, na análise de Hegel sobre o Estado burguês, quando ele afirma ser este uma potência antes de ser poder, não podendo existir qualquer direito que não redunde, mais cedo ou mais tarde, no uso da violência. Se a força[5] não cria o direito, este, contudo, para Hegel, não pode existir sem ela, uma vez que a lei é fundamental para manter os indivíduos dentro dos limites do direito e do reconhecimento da dignidade de homem a todo ser humano.

Dessa forma, para Hegel, é a violência que mantém o Estado, concebido como um todo, sendo ela necessária e justa no sentido de garantir a efetivação da universalidade. Nesse sentido, o caráter violento assumido pela Revolução Francesa explica-se, a seu ver, pelo fato de que a corte, o clero, a nobreza e o parlamento se opõem a ceder seus privilégios quer pela força, quer pelo direito.

Arendt, diversamente, defende a retomada da experiência da Revolução Americana como resultado de um consentimento dos iguais, mesmo sabendo que ele exclui os negros e índios na América por não apresentarem "os traços gerais de humanidade". Tocqueville, embora critique esse aspecto da democracia na América, aca-

---

5 Romano comenta como se expressa no pensamento hegeliano a inexistência da possibilidade da liberdade pública sem a coerção inerente às atividades do Estado (cf. Romano, s.d.).

ba defendendo também a não extensão da igualdade do homem aos povos "semicivilizados", como é o caso dos árabes, que não podem ser tratados pelos franceses como iguais ou cidadãos (cf. Losurdo, 1996, p.701). Esse poder de definir o que é ou não humanidade, ou seja, de afirmar que os americanos são os melhores porque são livres das necessidades, por se identificarem apenas com o bem público, implica o fato de que uma República bem organizada deve ter instituições repressivas que selecionem as elites conforme tais critérios, excluindo explicitamente os pobres, não proprietários, de serem dirigentes e eleitores. Arendt evita sempre chegar a essa conclusão normativa, embora se posicione, como vimos, contrariamente à concepção da Revolução Francesa de que todos os homens, pelo simples fato de terem nascido, tornam-se detentores de certos direitos, condenando de maneira enfática a equiparação dos direitos do homem *qua* homem aos direitos dos cidadãos.

Subtraindo a esfera econômica da política e enaltecendo esta última, insiste que o fundamento das revoluções modernas reside no delineamento de uma constituição, tendo como marco a Declaração da Independência, "(...) dando início à elaboração de constituições para cada um dos Estados americanos" (Arendt, 1990, p.100). Ela está aqui se referindo ao desfecho do processo da aprovação da Constituição de 1787, que se estende por duas décadas e meia, opondo os federalistas, defensores do governo republicano, e os antifederalistas, que demonstram uma preferência bem mais acentuada pelas noções de democracia representativa. Arendt, como vimos, toma partido explicitamente dos federalistas, e em seus textos privilegia as argumentações de James Madison (idem, 1999d, p.120-1), considerado o pai da Constituição dos Estados Unidos e responsável pela apropriação da palavra "república", que carrega diversas conotações políticas, para nomear uma estrutura de governo baseada numa drástica redução da participação do povo nos assuntos do Estado, em contraposição à democracia direta praticada sob os Artigos de 1776 a 1778, período conhecido por "política da liberdade". No *Federalista*, n. 63, Madison escreve que o Senado deve ser ocupado por homens "sóbrios e respeitáveis" que representam a "razão, justiça e

A VIOLÊNCIA REVOLUCIONÁRIA EM HANNAH ARENDT E HERBERT MARCUSE   **135**

verdade" diante dos "erros e enganos do povo" (cf. Hamilton et al., 1993, p.404-11).

Engels, opondo-se à República americana, na introdução do texto de Marx "A Guerra Civil na França", mostra a necessidade de superação da "velha máquina do Estado" pela Comuna de Paris, em razão do fato de ele ter-se convertido na defesa dos interesses específicos daqueles que de servidores da sociedade passam a ser seus senhores. Dessa perspectiva, não apenas as monarquias hereditárias, mas também as repúblicas democráticas, especialmente a dos Estados Unidos, são consideradas emblemáticas uma vez que:

> Não há nenhum país em que os "políticos" formem um setor mais poderoso e mais desligado da nação do que a América do Norte. Aí, cada um dos grandes partidos que se alternam no governo é, por sua vez, governado por pessoas que fazem da política um negócio, que especulam com as cadeiras de deputados nas assembleias legislativas da União e dos diferentes Estados federados, ou que vivem da agitação em favor de seu partido e são retribuídos com cargos quando eles triunfam. É sabido que os norte-americanos se esforçam, há trinta anos, para libertar-se desse jugo, que chegou a ser insuportável, e que, apesar de tudo, se afundam cada vez mais nesse pântano de corrupção. E é precisamente na América do Norte onde melhor podemos ver como avança essa independização do Estado em face da sociedade, da qual originariamente devia ser um simples instrumento. (Engels, s.d.b, p.50)

Tal fato explica o ceticismo dos pais fundadores do federalismo americano quanto à democracia, ao mesmo tempo em que é louvada a sociedade liberal moderna principalmente no que diz respeito à defesa dos direitos pessoais e dos de propriedade, como mostra Kramnick (1993, p.52). Assim, o perigo do *demos* apontado em várias passagens de Arendt está diretamente relacionado ao repúdio à igualdade e à ameaça à "liberdade" e à propriedade privada. Tanto assim que a dúvida dos antifederalistas quanto à possibilidade de os proprietários governarem a si próprios e preferir o bem comum aos seus interesses privados é legítima, uma vez que o planejamento da Constituição de 1787 se dá exatamente com o intuito de aumentar a influência, o poder e a fortuna daqueles que já o possuíam, sendo sua ratificação uma grande vitória da aristocracia. O povo pode ter sido a inspiração do novo governo, mas a ideia de que o papel histórico do *demos* é criar uma nova ordem que possa ser mais racional que a precedente permanece totalmente alheia. O *demos*, portanto, tem de ser contido por meio da lei, pois todas as tendências do espectro liberal-conservador dos EUA têm em comum a crença dos Fundadores de que a ilimitada soberania popular é inerentemente tirânica (cf. Lazare, 1998, p.36).

Nessa linha, insere-se a crítica feita por Arendt à participação dos pobres na vida pública, deixando sua direção para os "melhores homens do estado". Esse fenômeno, a seu ver, teve por consequência a invasão do domínio político pela necessidade, que está inexoravelmente ligada à violência. Portanto, ela condena o fato de os novos militantes da esquerda, em pleno século XX, evocarem as experiências da Revolução Francesa, uma vez que, de seu ponto de vista, os revolucionários do século XVIII e XIX,

> ... perpetuamente acossados pela permanência desesperada da questão social, isto é, pelo espectro das vastas multidões de desvalidos que as revoluções tinham o dever de libertar, ... se apegaram invariavelmente, e como que inevitavelmente, aos eventos mais violentos da Revolução Francesa, esperando, contra toda esperança, que a violência viesse a triunfar sobre a pobreza. Isso era, sem dúvida, a voz do desespero; tivessem eles admitido que a lição mais óbvia que poderiam ter aprendido com a Revolução Francesa era que *la terreur*, como um meio de atingir *le bonheur*, provocara a derrocada das revoluções, teriam tido também de admitir que nenhuma revolução, nenhuma fundação de um novo corpo político seria viável onde as massas populares vivessem oprimidas pela miséria. (Arendt, 1990, p.177)

6
HANNAH ARENDT: EM NOME DA LEI – O REPÚDIO À VIOLÊNCIA REVOLUCIONÁRIA NOS ANOS DE 1960

Hannah Arendt, a partir da constatação de que o século XX encontra seu denominador comum na violência e na multiplicação de seus meios pela revolução tecnológica, recusa as propostas dos extremistas da Nova Esquerda que, a seu ver, sustentam a intromissão da violência "criminosa" na política. Suas análises têm como pano de fundo a história recente do totalitarismo, tanto na sua vertente "nazista" quanto na "stalinista", marcada pelos campos de concentração, pelo genocídio, pela tortura e pelos massacres em massa de civis nos conflitos bélicos que caracterizam as modernas operações militares.

Na conjuntura por ela analisada e vivida, destacam-se a rebelião estudantil em diversos países do mundo e, especificamente, nos EUA, onde ela só pode ser entendida relacionada aos confrontos raciais, à escalada da guerra do Vietnã e à opção dos militantes de esquerda por meios violentos. Em seu exame, Arendt enfatiza o avanço tecnológico na produção dos meios da violência, que traz à tona o temor de uma guerra nuclear, para refutar a via revolucionária e defender a reforma das instituições ante a impotência e o desgaste das democracias.

138 MARIA RIBEIRO DO VALLE

A desobediência civil e a desobediência criminosa

Para Arendt, a crise política vivida pelos EUA ocorre em grande medida pela ofensiva no Vietnã, responsável por levar a população às ruas em repúdio ao caráter ilegal, imoral e desumano da guerra, colocando em risco a credibilidade das autoridades e das instituições políticas. O governo dos Estados Unidos, que tem sua origem marcada pelo princípio federalista da divisão de poderes, passa a exercer uma administração centralizada, subjugando a participação política dos estados e do Congresso,[1] privando o Senado de exercer seus poderes de participação no encaminhamento dos assuntos externos, causando, consequentemente, a falência dos órgãos representativos da vontade popular (cf. Arendt, 1999d, p.155).

Arendt examina *Os Documentos do Pentágono* sobre a guerra no Vietnã, publicados em 1971 pelo *New York Times*,[2] que revelam "... o comprometimento dos altos escalões do governo sobre a inveracidade em política, e [a] concomitante extensão a que se permitiu proliferar a mentira por todos os setores civis e militares do governo" (idem, 1999e, p.14). Ou seja, encontra-se, assim, a prova de que as decisões políticas tomadas não tinham correspondência efetiva aos alvos publicamente proclamados (ibidem, p.22-3).

Arendt passa a argumentar que os solucionadores de problemas,[3] desconsiderando as informações dos relatórios sombrios do Pentá-

---

1 Arendt está, dessa forma, propondo a retomada dos princípios básicos da Constituição norte-americana, embora haja de sua parte uma leitura contraditória desta, pois, segundo I. Kramnick, a Constituição de 1787 "incorporou dois feitos sensacionais: o triunfo do centro sobre a periferia e o princípio dos controles e equilíbrios sobre o princípio da supremacia legislativa" (Kramnick, 1993, p.24). Portanto, a Constituição criava um forte poder central, em detrimento dos poderes locais, fortalecendo o executivo e o judiciário, até então meros apêndices dos legislativos estaduais, ao contrário do que Arendt parece reivindicar no final dos anos de 1960.

2 Os *Documentos do Pentágono* tratam do papel dos Estados Unidos na Indochina desde a Segunda Guerra Mundial até maio de 1968.

3 Para Arendt, os solucionadores de problemas eram homens "... de grande autoconfiança ... e trabalhavam juntos com membros das forças armadas" (Arendt, 1999e, p.19-20).

A VIOLÊNCIA REVOLUCIONÁRIA EM HANNAH ARENDT E HERBERT MARCUSE **139**

gono,[4] que afirmam a improbabilidade de que tais objetivos possam ser alcançados, acalentam as declarações públicas otimistas ante a consecução destes. Ela vai mais longe ao tentar mostrar que as justificativas publicamente veiculadas para as ações militares nem sequer correspondem à realidade dos fatos. A seu ver, a "teoria dominó",[5] segundo a qual, à medida que o Laos e o Vietnã do Sul ficassem sob o controle do Vietnã do Norte, todo o restante do Sudeste Asiático iria sucumbir ao comunismo, é posta em xeque em razão do caráter fragmentário do bloco soviético no final da Segunda Guerra Mundial. Há também provas de que os insurretos sul-vietnamitas não são dirigidos e sustentados pelo exterior por uma conspiração comunista, fato que coloca em questão a veracidade de uma política antissubversão norte-americana, pois o que existe é uma guerra civil no Vietnã do Sul. E, finalmente, contesta a existência de um bloco sino-soviético, base para a hipótese do expansionismo chinês, uma vez que tal constatação desconsidera a oposição de Stalin à revolução chinesa.

Contudo, embora admita que todos esses objetivos coexistem de modo confuso, sendo cada um dirigido a uma "plateia" diferente, em suas considerações sobre os documentos do Pentágono afirma ser apenas um deles mantido durante os governos Eisenhower, Kennedy e Johnson, que conduzem a Guerra do Vietnã: o da construção da imagem de onipotência dos Estados Unidos (Arendt, 1999e, p.24-5).

Assim, para Arendt, as únicas declarações públicas verídicas do governo norte-americano durante a escalada da guerra, a partir de 1964, são aquelas que dizem respeito à "construção de imagem como política global – não conquista do mundo, mas vitória na bata-

---

4 Para Arendt, "... a não relação entre os fatos e a decisão, entre a comunidade da inteligência e os serviços civis e militares, é talvez o mais significativo e certamente o mais bem guardado segredo que *Os Documentos do Pentágono* revelaram" (1999e, p.27).

5 Arendt aprofunda sobre a "teoria dominó" em seu livro *Origens do Totalitarismo*: antissemitismo, imperialismo, totalitarismo (1998b, p.148-9).

lha 'para ganhar a mente dos povos'"(cf. ibidem, p.25). Ela tece, então, uma contundente crítica a essa nova estratégia de guerra, bem como aos atos extremos que os Estados Unidos estavam mostrando ser capazes de empregar para cumpri-la, uma vez que

> ... a razão por que se usavam esses meios tão excessivamente caros, caros em vidas humanas e em recursos materiais, para fins políticos irrelevantes, deve ser imputada não somente à desafortunada superabundância desse país, mas a sua incapacidade em compreender que mesmo uma grande potência é uma potência *limitada*. Por detrás do clichê sempre repetido da "mais poderosa potência da Terra", oculta-se o perigoso mito da onipotência. (ibidem, p.41)

Assim, a seu ver, a manutenção dos conflitos não visava a tirar proveitos territoriais ou vantagens econômicas, pois, ao contrário, os EUA acabam tendo seu comércio internacional e o seu padrão de vida doméstico bastante afetados pela inflação e pela desvalorização monetária causadas pelos altos custos da guerra. Desse ponto de vista os alvos políticos, como o de manter efetivamente o poder, também são postos em risco em prol de sua "imagem".

Contudo, Arendt posiciona-se contrariamente à ala esquerda dentre os críticos da guerra do Vietnã que a concebe como "fascista" ou "nazista" e iguala os massacres e os crimes de guerra ao "genocídio". A seu ver, o objetivo dos Estados Unidos nunca foi a destruição do inimigo, mas apenas "dobrar sua vontade" por meio da "premissa psicológica da manipulabilidade humana", pois "... nunca existiu em nenhum nível do governo [o] desejo de destruição em larga escala, a despeito do atemorizante número de crimes de guerra cometidos durante a guerra do Vietnã" (ibidem, p.21-2). Arendt, com essa justificativa, visa a diferenciar a política de guerra dos Estados Unidos dos totalitarismos de Stalin e Hitler que utilizam o medo, isto é, o terror, como princípio de ação, como um cinturão de ferro que destrói a pluralidade, pautado por "uma promessa na mão e um chicote às costas" (ibidem, p.18). Ao mesmo tempo em que busca livrar a política dos EUA de seus adjetivos totalitários, também diz ter encontrado provas que permitem desvinculá-la de obje-

A VIOLÊNCIA REVOLUCIONÁRIA EM HANNAH ARENDT E HERBERT MARCUSE

tivos imperialistas, sendo esse o seu grande aprendizado com as ofensivas norte-americanas no Sudeste Asiático (ibidem, p.47).

Arendt, em *Origens do Totalitarismo*, mostra que o "imperialismo do dólar", versão especificamente norte-americana, pautado na motivação do lucro, ou seja, no investimento nos setores mais modernos, estratégicos e de crescimento mais rápido da economia estrangeira, é substituído por novos métodos mediante os quais "... bilhões de dólares têm sido gastos em desertos políticos e econômicos onde a corrupção e a incompetência fizeram-nos desaparecer antes que se pudesse dar início a algo produtivo..." (Arendt, 1998b, p.150). Ela está criticando, particularmente, a intervenção das superpotências nos movimentos revolucionários "de libertação nacional", atraídas pela busca ilimitada de poder, característica da nova era imperialista, "... que ameaça devastar e varrer o mundo inteiro sem qualquer finalidade definida, sem alvo nacional e territorialmente delimitado e, portanto, sem nenhuma direção previsível" (ibidem, p.148). Desse ponto de vista, os efeitos do novo imperialismo podem levar à destruição do mundo inteiro, mas o que tem impedido essa catástrofe, a seu ver, é a "contenção constitucional" da república norte-americana, que decorre da "autocoibição" imposta pelo desenvolvimento tecnológico da indústria de armamentos.

Arendt, ao acusar os "solucionadores de problemas" de afastarem-se totalmente dos fatos reais em prol de suas "teorias", parece também não escapar dessa perspectiva, uma vez que ao defender o "não imperialismo" dos EUA, desconsidera todo o significado político e econômico da guerra do Vietnã. Ela nega que um de seus objetivos é criar um campo de provas para as táticas antiguerrilha, contribuindo para a continuidade de práticas neocolonialistas incidentes sobre os povos da África, Ásia e América Latina. E omite o fato de que vários de seus países continuam sendo fonte de matérias-primas para o desenvolvimento da grande indústria, como, por exemplo, o petróleo na Venezuela e no Oriente Médio e os metais não ferrosos na América Latina. A importância econômica da guerra, totalmente minimizada por ela, se faz sentir não apenas externamente, mas também no âmbito interno, onde os prósperos negócios do complexo industrial-militar provam que os bilhões de dólares gastos não estão perdidos para todos, mas, pelo contrário, são responsáveis pela orientação dos investimentos norte-americanos.[6] Do ponto de vista das "vítimas", ela recusa a existência da organização e da solidariedade da luta contra o colonialismo dos países terceiro-mundistas:

> Sou exatamente da opinião de que o terceiro mundo é exatamente o que eu disse, uma ideologia ou uma ilusão.
>
> A África, Ásia, América do Sul – são realidades. Se você comparar estas regiões com a Europa e os Estados Unidos, poderá dizer mas somente desta perspectiva – que elas são subdesenvolvidas, afirmando com isso que este é o crucial denominador comum entre estes países. ... Os únicos que têm um interesse obviamente político em dizer que existe um terceiro mundo são, é claro, os que estão nos níveis mais baixos – isto é, os negros da África.
>
> A nova esquerda pegou o lema do terceiro mundo do arsenal da velha esquerda. ...
>
> O novo *slogan* – Povos de todas as colônias, ou de todos os países subdesenvolvidos, uni-vos! – é mais louco ainda que o antigo de onde foi copiado – Trabalhadores de todo o mundo, uni-vos! –, que no fim das contas tem sido inteiramente desacreditado. (Arendt, 1999f, p.180-1)

A seleção dos fatos históricos feita por Arendt, desconsiderando totalmente a existência "real" do Terceiro Mundo (ibidem) e a intervenção política americana em seu "destino", está estreitamente ligada a sua recusa em admitir quaisquer traços de imperialismo nos EUA. Nesse sentido, ela pode ser criticada pelo seu próprio argumento, utilizado para refutar as declarações dos encarregados das relações públicas do governo americano durante a guerra do Vietnã, por sua capacidade de reescrever "... a história uma e outra vez para adaptar o passado à 'linha política' do momento presente, ou de eliminarem dados que não se ajustam a sua teoria" (1999e, p.17).

---

6 Cf. "Documentário: O neocolonialismo dos Estados Unidos no Vietiname". Traduzido do *Viet Nam Courier* de 21 de agosto de 1967. *Revista Civilização Brasileira*, ano III, n.18. p.238-9, mar./abr. 1968.

A VIOLÊNCIA REVOLUCIONÁRIA EM HANNAH ARENDT E HERBERT MARCUSE **143**

Arendt defende que o poder, ao contrário da violência, está na essência de todo governo, necessitando, portanto, de legitimidade. Assim, como em assuntos internos, também no que diz respeito à questão da guerra, a utilização da violência, sendo instrumental, depende da solidez da estrutura de poder do governo. Dessa forma ela justifica a vitória do Vietnã mostrando que "uma enorme superioridade nos meios da violência pode se tornar inútil se confrontada com um oponente mal equipado mas bem organizado, o que o torna muito mais poderoso" (Arendt, 1999d, p.128). Ou seja, mais uma vez ela recorre à argumentação da desintegração do poder nos EUA para justificar que, embora sendo o país mais desenvolvido, contando com uma "potência de fogo mil vezes superior", perde uma guerra para uma "pequena e atrasada nação" no sudeste asiático, por desconsiderar a experiência histórica milenar vietnamita de luta contra invasores estrangeiros. Se essas informações constam nos documentos do Pentágono, elas, contudo, não eram conhecidas pelas "pessoas na Casa Branca, no Departamento de Estado e no Departamento de Defesa" (Arendt, 1999e, p.34). Nesse sentido, Arendt procura defender que a falta de comunicação entre os órgãos de informação e os executivos, aliada à ausência de espaço político do Congresso nas tomadas de decisão nas relações internacionais, contribui para justificar a crise institucional americana que, por sua vez, leva à perda de confiança da população nas autoridades e à condenação da guerra, fator decisivo não apenas para sua derrota, mas para a possibilidade, até mesmo, de ações violentas e ilegais por parte dos movimentos contestatórios.

A guerra do Vietnã é um dos principais acontecimentos políticos que mobilizam os movimentos de protesto no final dos anos de 1960 nos mais diversos países e, particularmente, nos EUA, abrindo espaço para a desobediência civil (1999g, p.68) que aparece na argumentação de Arendt como contraponto à violência revolucionária na conjuntura do final dos anos de 1960. Para ela, existe uma distinção radical entre as desobediências civil e criminosa, tanto teórica como politicamente, e a primeira "pode servir tanto para mudanças necessárias e desejadas como para preservação ou restauração necessária e desejada do *status quo*" (ibidem, p.69). Assim a contestação civil é aceita, nesses dois sentidos e, até mesmo, incentivada, em razão do fato de estar vinculada, a seu ver, à não violência e de não ser utilizada como instrumento de revolução, uma vez que o contestador civil, ao contrário do revolucionário, acata a estrutura da autoridade estabelecida e a legitimidade da constituição. Embora Arendt tente aproximar os revolucionários dos contestadores civis, no sentido de que eles possuem em comum o "desejo de mudar o mundo", ela ao mesmo tempo aponta para um aspecto que os distingue totalmente, pois, enquanto estes últimos estão desobedecendo ao poder em nome de uma legalidade que a própria desintegração institucional está pondo em risco, os rebeldes lutam por uma mudança radical, colocando em xeque o sistema jurídico (ibidem, p.68).

A partir dessa argumentação, torna-se difícil vislumbrar uma diferença entre revolucionários e criminosos, principalmente pelo fato de que, quando ela analisa os movimentos contestatórios, dificilmente deixa de criminalizar aqueles que "merecem a alcunha de rebeldes" ao fazerem a opção pela violência. É exemplar a crítica contumaz feita por Arendt às organizações negras, responsabilizando-as quer pela resistência à "integração", quer pelo fato de utilizarem a violência (ibidem, p.82).

Arendt quer salientar que, embora as práticas discriminatórias raciais ainda estejam fortemente calcadas na resolução *Dred Scott* de 1857, na qual os "negros não são e não podem ser cidadãos no sentido da constituição federal" (ibidem, p.81), o movimento negro também acaba reforçando a segregação social. Com efeito, afirma que ele só foi capaz de aceitar e atrair para a defesa de sua causa os "extremistas brancos" da contestação radical. Arendt está, dessa forma, condenando as manifestações de rua que em 1968 acabam por aliar os Panteras Negras, com sua proposta de formação de guerrilhas negras, aos movimentos estudantis brancos e aos integrantes da Nova Esquerda que, apesar de todas as mudanças desde o início até o fim dos anos de 1960, têm como objetivo político a luta pela igualdade negra. Essas organizações unem-se para recusar a conscrição através de novas formas de "desobediência civil", incluindo a queima das convocações para a guerra, que incidem muito mais sobre os jovens negros, como também para denunciar a morte e a condenação dos "rebeldes" durante suas passeatas, particularmente das lideranças negras, pois o governo passa a mobilizar as Forças Armadas para invadir guetos negros na tentativa de impedir novas manifestações.

A adesão ao confronto pela Nova Esquerda e pelo movimento estudantil toma o lugar do longo período da estratégia e compromissos pregados pelas organizações dos direitos civis (cf. Isserman & Kazin, 2000, p.165-86). Essa inversão é condenada por Arendt e aqueles que defendem a violência revolucionária são por ela catalogados como "extremistas radicais", "criminosos", ao fortalecerem a defesa da luta armada existente no movimento negro.

Embora a análise da dinâmica dos acontecimentos políticos durante os anos de 1960 nos EUA indique que a defesa da violência revolucionária tanto pela Nova Esquerda como pelo ME responde à própria conjuntura mais ampla, ou seja, à crença na possibilidade da vitória dos movimentos de libertação colonial paralelamente à reorganização da oposição intelectual nos países desenvolvidos, Arendt parece fazer uma leitura bastante ambígua e reducionista quando atrela a opção pelo confronto apenas à influência do movimento negro (cf. Arendt, 1999d, p.106).

Não podemos desconsiderar as propostas existentes no interior do movimento negro que pregam de fato a radicalização das questões raciais, como as do líder dos Panteras Negras, Stokely Carmichael, que a considera como parte da luta universal contra a "sociedade branca imperialista ocidental" (cf. Isserman & Kazin, 2000, p.165-86), mas também não devemos, a partir desse exemplo, responsabilizar o movimento negro por toda a sorte de violências praticadas e defendidas pelo ME e pela Nova Esquerda. Para Arendt, a instituição acadêmica também sucumbe aos apelos violentos dos negros por causa do "sentimento de culpa" da comunidade branca para com eles, uma vez que "... se sente mais à vontade quando se confronta com interesses, com violência, do que quando é uma simples questão de 'democracia participante' não violenta" (Arendt, 1999d, p.106), menosprezando, assim, as reivindicações "democráticas" dos estudantes brancos.

Dessa forma, a leitura de Arendt, ao desqualificar tanto os movimentos negros quanto terceiro-mundistas, contrapõe-se à análise da esquerda, que os identifica por sua condição de "colonizados" e vislumbra, a partir de sua união, a possibilidade de libertação mundial pela via revolucionária do socialismo. Marcuse, ao contrário, está em consonância com esse discurso, que é também o do ME, reconhecendo o despontar de "forças" comprometidas com o questionamento da ordem constituída. Dentre elas, destacam-se o movimento *hippie*, com a construção de comunidades alternativas, a revolução sexual, colocando em xeque os padrões comportamentais vigentes, as drogas como formas de libertar e reinventar o indivíduo, abrindo as portas para o extraordinário, servindo de instrumentos para acompanhar as imagens que confirmam as revoltas e os desejos.[7] Ele vê com bastante otimismo o surgimento do movimento *hippie* e da rebelião ético-sexual, por sua capacidade de revelar uma desagregação, em curso, no interior do sistema, que se dirige contra a moral dominante (cf. Marcuse, 1969, p.23-5). Já Arendt reduz todos esses aspectos de contestação alternativa ao crime ou à ingenuidade, questiona o ME do ponto de vista moral e critica ao mesmo tempo o que ele tem de destrutivo, "as drogas", "o ataque às universidades", "a insanidade", como também a sua proposta que, por estar vinculada à construção do socialismo, se encontra no terreno da violência incapaz de criar o novo.

Arendt acredita que qualquer tipo de socialismo só pode levar a uma organização autoritária, em razão da experiência política da Rússia. Com efeito, ela desconsidera a recusa do "socialismo real" pelo movimento estudantil, que o condena justamente por sua arbitrariedade. Ao rechaçar o chamado "socialismo de estado", responsável pelos processos de expropriação e de abolição das garantias políticas e legais da propriedade privada (cf. Arendt, 1999f, p.183), estabelece um contraponto em defesa do capitalismo ocidental que, por meio de suas instituições, exerce papel de controle efetivo dos

---

7 Sobre a cultura juvenil dos anos de 1960, ver Isserman & Kazin, 2000, p.147-64, e Gitlin, 1993, p.195-221.

A VIOLÊNCIA REVOLUCIONÁRIA EM HANNAH ARENDT E HERBERT MARCUSE **147**

abusos governamentais sobre a liberdade dos indivíduos. Ela cria um elo de continuidade entre o capitalismo e o socialismo, com o intuito de mostrar que qualquer solução fora do capitalismo só pode redundar em uma sociedade totalitária, reduzindo todas as propostas socialistas, particularmente a do ME, à dimensão destrutiva já inscrita no capitalismo (ibidem, p.185).

Se a solução do ponto de vista arendtiano não passa pelo socialismo, ela não deixa de apontar para a crise política atravessada pelos países capitalistas, particularmente pelos Estados Unidos, por causa da progressiva erosão da autoridade governamental, que abre espaço para questionar sua própria legitimidade mediante a "desobediência civil e criminosa" das leis (1999g, p.64). Nesse sentido, torna-se exemplar, a seu ver, a inoperância do sistema judiciário norte-americano, que leva ao aumento da violência. Arendt defende, assim, a necessidade de seu fortalecimento para controlar os abusos do executivo e acabar com a "impunidade" que, se por um lado, leva as autoridades legais a recorrerem à força, por outro, permite também que o movimento estudantil, segundo ela "o principal grupo de desobediência civil no momento", cometa atos de vandalismo e, portanto, de desobediência "criminosa". Não podemos deixar de frisar que a crítica dirigida exclusivamente ao executivo é uma forma de legitimar a democracia, o capitalismo e as instituições que o sustentam.

Assim, a desobediência civil justifica-se apenas como meio não violento de resistência à opressão, permanecendo, portanto, no terreno legal. A solução para a crise política atravessada pelos Estados Unidos encontra-se na retomada dos valores "americanos", que remetem à Independência e à Constituição, pautados no consentimento que pressupõe o direito de divergir, "o espírito da lei norte-americana e a quinta-essência do governo norte-americano" (ibidem, p.79).

As críticas de Arendt aos "novos apologistas da violência"

Arendt, que, segundo T. Gitlin, compõe a lista dos "apoiadores ilustres" do movimento pacifista no início da década de 1960 (cf.

Gitlin, 1993, p.93), condena os "extremistas" que tomam a frente dos movimentos contestatórios, deixando a maioria dos adeptos da não violência na defensiva. Ela denuncia a inversão dos movimentos, particularmente no campo dos direitos civis, que, apesar de terem sua origem na reação a qualquer forma de violência, passam para o extremo oposto, ou seja, para sua "glorificação". Como a questão do século é o totalitarismo, capaz de fazer coincidir sua vitória com a destruição da humanidade (Arendt, 1998b, p.12), ela utiliza-se de aspectos sociológicos geracionais para justificar a intromissão de atos criminosos na política durante os protestos dos anos de 1960. Os estudantes, por terem sido criados à sombra da violência e não estarem seguros de ter um futuro, cometem um grande equívoco ao fazerem coro aos novos militantes de esquerda que não percebem que o seu mundo vivencia uma situação inteiramente nova, legada pela tentativa totalitária de conquista global e do domínio total, pautada em respostas destrutivas para todos os tipos de impasses (ibidem), agravada pelo progresso tecnológico: a "... Proliferação aparentemente irresistível de técnicas e máquinas, longe de ameaçar certas classes com o desemprego, ameaça a existência de nações inteiras e presumivelmente de toda a humanidade" (ibidem, p.21-2).

As reflexões de Arendt em seu artigo "Da Violência" têm como pano de fundo os acontecimentos dos anos de 1960, abordando a discussão e o posicionamento da Nova Esquerda quanto ao papel dos meios violentos de resistência à opressão, como a emblemática "guerra de guerrilhas" no processo de descolonização. Embora, em seu argumento, a violência se transforme num instrumento "dúbio e incerto" nas relações internacionais, por ser a superioridade técnica das grandes potências muito mais "uma deficiência que um recurso" (Arendt, 1999d, p.99), ela acaba por despertar o interesse dos grupos de oposição nos EUA pela condução revolucionária dos assuntos "domésticos". A seu ver, a "... poderosa retórica marxista da Nova Esquerda coincide com o resoluto crescimento da convicção proclamada por Mao Tse-Tung, sem nada a ver com Marx, de que 'o poder brota do cano de um fuzil'" (ibidem, p.100). Arendt está aí condenando os teóricos da prática revolucionária, Che Guevara e,

A VIOLÊNCIA REVOLUCIONÁRIA EM HANNAH ARENDT E HERBERT MARCUSE **149**

particularmente, Mao, em razão de sua influência nos movimentos de protesto dos EUA, como a SDS, o SNCC e a Nova Esquerda, que passam a vislumbrar a possibilidade de aliança com as forças revolucionárias do Terceiro Mundo (Isserman & Kazin, 2000, p.177), num contexto em que os ecos da Revolução Cubana são vinculados aos sucessos do Sudeste Asiático e à eclosão da Revolução Cultural Proletária.

Nesse enfoque, explicita-se sua tentativa de desvincular o maoismo do marxismo, enquanto importantes setores da esquerda interpretam

> ... as ideias de Mao Tse-Tung e sua proposição da "linha de massas", como uma revitalização das teses originais do marxismo. Segundo importantes teóricos europeus, o maoismo recolocava a luta de classes em seu lugar de motor da história e revigorava a ênfase marxista original na prioridade da prática sobre a teoria; a Revolução Cultural teria posto em prática estes princípios, marcando "uma etapa histórica decisiva no desenvolvimento do papel das massas em relação ao partido", ao mesmo tempo em que questionava a experiência da construção do socialismo da URSS. (Martins Filho, 1987, p.188-9)

Uma questão que surge aqui é que Arendt, ao recusar o maoismo, está, também, querendo desqualificar a ênfase dada à ação das massas no processo transformador, argumentando que a entrada desse ator na política, por estar submetido ao "império absoluto da necessidade", só pode levar ao aumento da violência. Como vimos, este é um dos maiores divisores de águas em relação à leitura da Revolução Francesa feita por Arendt e Marx, que, contrariamente, acredita que a emancipação da humanidade só é possível a partir da revolução que nasce da necessidade.

Contudo, não estamos lidando apenas com o contraponto entre duas interpretações sobre os mesmos fatos históricos, mas também, com importantes aspectos da leitura peculiar de Marx feita por Arendt. O primeiro, como já ressaltamos, reside não apenas no fato de ela desvincular totalmente o maoismo do marxismo, mas principalmente na justificativa dada, segundo a qual, embora Marx esteja ciente do papel da violência na história, reserva-lhe apenas um lugar secundário, priorizando as contradições inerentes à "velha sociedade" (cf. Arendt, 1999d, p.100), estas sim capazes de conduzi-la ao seu próprio fim. Como sustentar uma hierarquização ou a separação entre os antagonismos da sociedade capitalista e a necessidade do confronto para sua superação no pensamento de Marx? Ao contrário, como vimos, para ele, a violência encontra-se inscrita nessa organização social, não havendo possibilidade de desfecho do conflito sem o "choque corpo a corpo".

Um outro aspecto diz respeito à questão de que, como o maoismo concebe a luta de classes como o motor da história, torna-se difícil sustentar um total desacordo entre essa concepção e a proposição de Marx de que "a violência é a parteira da história". Arendt, ao afirmar que o surgimento de uma nova sociedade, na concepção marxista, é precedido, mas não causado, por irrupções violentas, parece ter o intuito de diminuir o papel atribuído por Marx a elas. Contudo, contraditoriamente, admite em outros textos, como, por exemplo, "A Tradição e a Época Moderna", publicado pela primeira vez em 1954, a ênfase dada por ele ao papel da violência na história:

> Ser a violência a parteira da história significa que as forças ocultas do desenvolvimento da produtividade humana, na medida em que dependem da ação humana livre e consciente, somente vêm à luz através de guerras e revoluções. (Arendt, 1972b, p.49)

Talvez seja esse o dado fundamental para que possamos entender que, nos textos escritos no calor da hora dos movimentos de protesto do final dos anos de 1960 nos Estados Unidos, Arendt faça uma leitura mais reformista dos textos de Marx, visando a desqualificar qualquer possibilidade de que se conceba essa conjuntura como revolucionária. Assim, no contexto do século XX, que comprova irrefutavelmente o potencial destrutivo da violência[8] e, portanto,

---

8   Notamos que também em *Da Revolução* é destacado por Arendt o "horripilante poder destrutivo da guerra, nas condições da tecnologia moderna" (cf. Arendt, 1990, p.9-10).

sua total incompatibilidade com qualquer objetivo político, Arendt (1999d, p.100) procura mostrar a inconsistência da retórica da Nova Esquerda, não apenas pelo anacronismo dos conceitos e categorias do século XIX, que não servem mais para avaliar a realidade política atual, mas também por ter-se afastado daqueles mesmos pressupostos marxistas, ao atribuir um papel central à utilização da violência. A reflexão de Sartre seria exemplar dessa apropriação "incorreta" das categorias já "superadas" do marxismo, feita pelo movimento estudantil e pelos intelectuais que defendem a violência revolucionária nos anos de 1960:

> Sartre[9] ignora seu desacordo básico com Marx na questão da violência, especialmente quando afirma que "violência irreprimível... é o homem recriando a si mesmo", que é através de "fúria demente" que os "condenados da Terra" podem "tornar-se homens". Estas ideias todas são muito singulares, pois a ideia do homem criando-se a si mesmo está rigorosamente na tradição do pensamento de Hegel e Marx; é a própria base de todo humanismo esquerdista. Mas segundo Hegel, o homem "produz" a si mesmo através do pensamento, enquanto para Marx, que virou o "idealismo" de Hegel de cabeça para baixo, é o trabalho, a forma humana de metabolismo com a natureza, que cumpre esta função. ... não se pode negar que há um abismo separando as atividades essencialmente pacíficas de trabalhar e pensar de toda e qualquer ação violenta. (Arendt, 1999d, p.101-2)

Está em pauta não apenas a recusa do marxismo clássico por Arendt, como também a acusação de que a Nova Esquerda, e particularmente Sartre, e as organizações estudantis se afastam radicalmente da tradição marxista e de seu humanismo, que dizem retomar e que, segundo ela, se encontra na valorização absoluta do trabalho na criação e transformação do homem e da sociedade. Afirma, inclusive, que, enquanto Hegel considera a atividade do pensamento fundamental para a autocriação do homem, Marx prioriza o traba-

---

9 Em seu texto "Da Violência", Arendt parece eleger Sartre como um dos seus principais interlocutores, enquanto Marcuse parece ser seu opositor oculto, uma vez que as críticas que ela faz a Sartre, a nosso ver, parecem ser extensivas a Marcuse.

lho. O próprio Marx (1975f, p.245), como vimos, mostra o grande mérito da *Fenomenologia do Espírito* no fato de Hegel entender a autocriação do homem como resultado de seu próprio trabalho, sem deixar de apontar a sua limitação por não revelar o caráter negativo, reificado do trabalho, em razão da alienação proveniente da sociedade capitalista.[10]

Podemos perceber que a discussão em torno do trabalho em Marx só é pertinente se este for entendido como atividade social, ou seja, como configurações historicamente constituídas e que por isso é possível modificar a sociedade, ou seja, há a possibilidade concreta dos operários de transcender a ordem vigente, pois na "... atual sociedade capitalista, já se produzem, afinal, as condições materiais, etc., que permitem e obrigam os operários a destruir essa maldição social" (Marx, 1975f, p.211). Assim, não há como sustentar que a atividade do trabalho é, desse ponto de vista, essencialmente pacífica como quer Arendt. Ao contrário do que afirma, as atividades do pensamento e do trabalho são centrais tanto em Hegel como em Marx enquanto potencialidades humanas para a concretização da sua capacidade de transcender a ordem vigente.

Mais uma vez notamos a sua tentativa de minimizar a importância do estatuto da contradição e do conflito nas teses de Marx com o intuito de desconsiderar a filiação marxista de Sartre que, ao buscar entender o "papel da violência na história" no prefácio de *Os Condenados da Terra*, de Fanon, escreve sobre a "revolução colonial" na Argélia, reconstruindo os momentos percorridos pela violência, desde a colonização, interpretando-os como uma ascese dialética rumo à ruptura transformadora, e apresentando a "ira" que a percorre como imanente ao processo rumo à "fraternidade socialista" e necessária para destruir as marcas da opressão do colonizador que, dialeticamente, engendra aquela que a exterminará (Sartre, 1979, p.13).

---

10 Através da "Crítica do Programa de Gotha", podemos notar explicitamente como é descabida a interpretação de Arendt sobre o privilégio do trabalho nos pressupostos de Marx (cf. Marx, s.d.c, p.209).

A VIOLÊNCIA REVOLUCIONÁRIA EM HANNAH ARENDT E HERBERT MARCUSE **153**

Sartre vai além, afirmando que é chegada a hora de os intelectuais europeus tomarem o partido dos colonizados para que juntos possam construir a história do homem, a da sua liberdade (ibidem, p.13). Fanon, por sua vez, se envolve como médico psiquiatra e militante político na luta pela independência do norte da África, trabalhando na imprensa da Frente de Libertação Nacional (FNL), sem poupar críticas ao que ele chamou de "genocídio" de um milhão de argelinos, causando um grande desconforto aos intelectuais da esquerda francesa por denunciá-los como cúmplices. Arendt (1999d, p.130), condenando totalmente a incitação à violência desses autores, rechaça os movimentos de libertação colonial por colocarem em risco até mesmo o governo constitucional da França, tendo este "boas razões" para suas repressões na Argélia. O enfraquecimento do poder imperialista francês se manifesta na alternativa entre a descolonização e o massacre. Mais uma vez ela justifica a violência da ordem instituída e condena os movimentos que estão sendo identificados por Sartre e Fanon com as "raras" rebeliões de escravos, de deserdados e de oprimidos que eclodem pela sua "fúria demente", tendo como único resultado a destruição (ibidem, p.108).

Para Arendt (1998b, p.148) a mudança de pessoas está vinculada à troca daqueles que estão investidos de "autoridade", ou seja, acredita que tais "erupções", por estarem ocorrendo em "áreas atrasadas", levam a enormes vácuos de poder, bastante suscetíveis de serem ocupados por governos despóticos. Nesse sentido, a fé na rebelião, ancorada em "vadios desclassificados", no "lumpemproletariado" e em *gangsters* que atuam como vanguarda "iluminando a massa", apesar de significar uma "vasta coragem" demonstrada pela Nova Esquerda ao declarar guerra em nome de uma comunidade – que de forma alguma a apoia –, convive com uma curiosa "timidez teórica", permanecendo no "... estágio declamatório para ser invocado inarticuladamente contra a democracia representativa ocidental ... e contra as burocracias unipartidárias do Leste, que excluem [a] participação por princípio" (idem, 1999d, p.109). Os "modernos rebeldes" tornam-se, assim, incapazes de encontrar aliados além das fronteiras da universidade e, ao contrário, deparam-se até com a "hostilidade" dos trabalhadores, apesar de persistirem na sua "busca desesperada" em identificar-se com a classe operária. Essas constatações vêm, no olhar de Arendt, corroborar seus questionamentos a respeito das "incongruências" que marcam a profunda lealdade dos novos militantes a uma doutrina do século XIX, quer pelo fato de seus argumentos serem inconsistentes com a tradição que pretendem retomar, quer pelo fato de o único aspecto positivo de suas ações políticas estar calcado na luta pela "democracia participativa", ausente dos pressupostos de Marx e Lênin (ibidem, p.108-9).

Marx (s.d.d, p.111-96), em sua análise de "As Lutas de Classes na França de 1848 a 1850", ao contrário do que afirma Arendt, realça a importância das conquistas democráticas de massa, como a organização dos trabalhadores em "partido independente", a conquista de direitos legais e o sufrágio universal. Enaltece, também, a experiência da Comuna de Paris, como já vimos, por constituir uma forma de organização política de operários, uma autêntica "República social", uma corporação de trabalho, ao mesmo tempo, executiva e legislativa, composta por conselheiros municipais eleitos pelo sufrágio. Interpreta a tentativa de abolição da propriedade privada, substituída pela produção cooperativa a fim de "extirpar os fundamentos econômicos sobre os quais se apoia a existência das classes" s.d.d, p.84), como uma contrapartida ao "Estado burguês". De seu ponto de vista, essa experiência de participação política popular comprova a possibilidade da realização do comunismo.

No debate teórico posterior dos socialistas, a questão da participação política popular permanece nevrálgica, sendo um desafio constante nos textos de Lênin, Rosa Luxemburg, Trotsky[11] entre outros, apesar de suas divergências políticas e das diferentes soluções apresentadas – conselhos, sovietes, assembleias. Sobretudo Luxemburg critica a severa política de restrição adotada pelo poder revolucionário na Rússia, em defesa da participação irrestrita das massas numa "democracia sem limites", dialogando implicitamente com Lênin, que, no seu livro *O Estado e a Revolução*, recupera a

---

11 Ver textos de Luxemburg (1979) e de Trotsky (s.d.; 1978).

A VIOLÊNCIA REVOLUCIONÁRIA EM HANNAH ARENDT E HERBERT MARCUSE **155**

leitura de Marx sobretudo da experiência da Comuna de Paris, com o intuito de mostrar que o "definhamento do Estado" na transição do capitalismo ao comunismo só pode ocorrer com a crescente participação do povo em sua administração (cf. Lênin, 1987, p.126).

Marcuse (1999b, p.117) também se coloca na esteira dessa tradição ao recuperar a experiência do sistema de conselhos defendido por Lênin como sendo o fundamento para a democracia direta, desde que devidamente contextualizada, já que considera o modelo tradicional de revolução de Marx e de Lênin totalmente obsoleto, em razão tanto da concentração de todo o poderio militar nas mãos da classe dominante quanto da quase inexistência de uma oposição radical de massa nos países industriais desenvolvidos.

Torna-se difícil de ser sustentada a argumentação de Arendt de que a Comuna de Paris contraria todas as "teorias" e "previsões" de Marx (cf. Arendt, 1990, p.51) e de que a "exigência por democracia participativa" está ausente quer de seus pressupostos, quer dos de Lênin, ante a leitura da história das revoluções por eles vividas e interpretadas. Sua leitura desconsidera os textos que tratam exaustivamente da questão das conquistas democráticas como etapas fundamentais do processo de emancipação da classe trabalhadora, com o objetivo de comprovar suas teses de que a ação política e a utilização da violência são mesmo opostas.

Com o intuito de recuperar a "democracia participativa", ela se inscreve em uma outra tradição teórica − que critica radicalmente o uso de meios violentos e sua recente "glorificação" pela Nova Esquerda. Ao reelaborar a relação entre violência e poder, contrapondo-se às doutrinas que acreditam que "o poder nasce do cano de uma arma", tece críticas ao uso e à retórica da violência no espaço da universidade, que deve ser isento de questões políticas. Contrapõe-se, assim, radicalmente à postura de intelectuais que, como Sartre e Marcuse,[12] buscam nos anos de 1960 unir "teoria" e "prática". Como vimos antes, para ela a doutrina em que dizem respaldar seus

---

12 Marcuse aborda o papel do intelectual nessa conjuntura política com posição totalmente inversa à de Arendt (cf. Marcuse. s.d.a. p.23).

argumentos teóricos está ultrapassada e é incongruente com seu recente discurso, marcado por todos os tipos de ideologias e de "remanescências marxistas", e, por outro lado, a proposta deles de atuação política, na qualidade de intelectuais, é descabida. Nesse sentido, rechaça a posição política de Sartre que, num contexto de "práticas guerrilheiras" e de "lutas pela descolonização", interpreta o movimento estudantil a partir da perspectiva revolucionária, na qual a utilização da violência ocorre no sentido da construção da "liberdade".

Arendt, ao desistoricizar tanto o pensamento de Marx como o de Sartre, Fanon e Marcuse, visa também a demarcar uma ruptura entre eles. Ao contrário, pudemos notar que esses três últimos autores estão em continuidade com os pressupostos marxistas e com sua atualização à luz das peculiaridades da conjuntura do final dos anos de 1960, considerando a entrada em cena dos novos atores que parecem abrir espaço para a transformação da sociedade. Arendt, inversamente, permanece lendo sua atualidade com a mesma argumentação utilizada para refutar a Revolução Francesa, pois ao separar o político do acadêmico e do econômico parece reservar o exercício da política àqueles que estão fora do reino da necessidade e também da produção científica do conhecimento. Nem os intelectuais nem os deserdados podem exercer um papel ativo na transformação social.

A Leitura de Arendt sobre o Movimento Estudantil

> *A violência pode sempre destruir o poder; do cano de um fuzil nasce a ordem mais eficiente, resultando na mais perfeita e instantânea obediência. O que nunca pode nascer daí é o poder.*
> Hannah Arendt

As reflexões de Arendt que têm como pano de fundo principalmente as "rebeliões estudantis nos anos de 1960 estão pautadas na distinção entre o conceito de 'violência' e o de 'poder', criticando a tradição do pensamento político que concebe a força e a violência

A VIOLÊNCIA REVOLUCIONÁRIA EM HANNAH ARENDT E HERBERT MARCUSE 157

como monopólio do governo".[13] Embora não seja nosso objetivo aprofundarmos as questões da teoria política, não podemos deixar de apontar que diferentes tradições de pensamento, resguardadas as suas peculiaridades, não deixam de admitir que o consenso e a coerção são constitutivos do poder do Estado. A tentativa de Arendt de contrapor o poder e a força, desconsiderando esta última como inerente à política, sem apresentar nenhuma reflexão mais consistente sobre a forma com que o consenso é constituído, parece justificar a utilização da violência pelos representantes da ordem estabelecida em momentos excepcionais, como se ela não estivesse sempre presente na condução dos governos. Mesmo Habermas, ao situar Arendt dentro da melhor tradição moderna, isto é, a da valorização do diálogo como a descoberta da pluralidade de perspectivas em detrimento da violência, vê aí um dilema entre o momento inicial do encontro dos agentes e da fundação de uma esfera pública, se não for levado em conta que novas relações de forças provavelmente serão introduzidas nesse espaço (Habermas, 1993). De fato, ao defender a dimensão da política como a esfera da excelência, ela critica aqueles que a "reduzem" à dimensão da violência (cf. Arendt, 1999d, p.116).

Para Arendt, o poder é a essência de todo governo e requer apenas legitimidade, enquanto a violência, sendo "por natureza" instrumental, depende da orientação e da justificação do fim para o qual é utilizada. Para ela é a desintegração do poder, causada pela instabilidade e a vulnerabilidade interiores dos governos e sistemas legais vigentes, assim como pela decorrente queda do consentimento e da opinião favorável de muitos, que enseja a violência, pois quando os comandos não são mais acatados, os meios violentos tornam-se inúteis (ibidem, p.116).

Assim, do ponto de vista arendtiano, as circunstâncias de "permissividade social e legal", e "portanto de declínio do poder", aca-

---

13 H. Saint-Pierre, para contrapor-se a Arendt, busca seus fundamentos na teoria da luta de classes, que concebe a violência como inerente à ordem capitalista, tendo no Estado o guardião de seus interesses de classe (ver Saint-Pierre, 1999, p.81-94).

bam se transformando em um convite aberto à prática da violência. Ao propor a oposição entre poder e violência, afirmando que a "... forma extrema de poder é Todos Contra Um; a forma extrema de violência é Um contra Todos" (ibidem, p.121), está vinculando o movimento pelos direitos civis, totalmente não violento e isento de interesses e ideologias à "forma extrema de poder", em contraponto com a prática da minoria do movimento estudantil, composta pelas lideranças negras e pelos "extremistas" brancos, representantes da "forma extrema de violência". Nesse sentido, ela apenas considera como legítimas as formas legais das manifestações estudantis (cf. Arendt, 1999f, p.174), recusando suas ações quando elas passam a envolver as "questões sociais" e aprovando apenas aquelas estritamente ligadas às "questões políticas". Sendo assim, ela também interpreta positivamente as primeiras manifestações vinculadas às universidades, tendo início com a reivindicação da Liberdade de Expressão e prosseguindo com o movimento Antibélico (ibidem).

Embora Arendt identifique no movimento estudantil ações de "democracia participativa", estando aí presentes a "coragem" e a positiva "disposição para a surpreendente confiança na possibilidade de mudança", ela alerta para a fato de que os "extremistas", os "estudantes radicais"[14] encontram-se misturados indistintamente com os "desajustados", "hippies", "viciados em drogas" e "psicopatas", defendendo ações violentas e, portanto, não políticas. Enquanto os "autênticos rebeldes" cometem algumas irregularidades como sit-tins e ocupações de prédios universitários − entendidos

---

14 Adorno, em uma de suas últimas correspondências com Marcuse, acusa o ME em Frankfurt de apresentar tendências fascistas, aproximando-se dos argumentos de Arendt: "Como sintoma dessas tendências, indico a técnica de, convocando para discutir, tornar qualquer discussão impossível; a bárbara desumanidade de um comportamento regressivo que ainda por cima confunde repressão com revolução; o cego primado da ação; o formalismo, que se torna indiferente ao conteúdo e à forma daquilo contra o que se revoltam, a saber, a nossa teoria. Aqui em Frankfurt, e certamente também em Berlim, a palavra catedrático é utilizada de cima para, sem distinções, depreciar homens ou, como eles tão lindamente dizem, 'acabar com alguém' ..., de forma muito semelhante ao que faziam os nazistas no seu tempo com a palavra judeu" (Adorno & Marcuse, 1997, p.96).

A VIOLÊNCIA REVOLUCIONÁRIA EM HANNAH ARENDT E HERBERT MARCUSE **159**

como ação política –, os elementos "criminosos" provocam incêndios e incitam à revolta armada, sendo estes últimos, a seu ver, tratados pelos docentes com mais indulgência do que os demais (cf. Arendt, 1999d, p.159).

Condenando a aproximação do movimento estudantil com qualquer experiência ou retórica revolucionárias, Arendt mostra que embora seu protesto seja global, guarda especificidades em cada país, particularmente no que diz respeito à questão da prática da violência, que ocorre apenas onde o "conflito de gerações" coincide com interesses de grupos "tangíveis". Nesse sentido, ela argumenta que a radicalização do ME, nos Estados Unidos, acontece inicialmente devido à "brutalidade" da intervenção policial, inerente ao declínio de seu poder, em suas manifestações essencialmente não violentas. Contudo, como vimos, a "violência séria" entra em cena, para ela, com o aparecimento do movimento do Poder Negro, e seu comprometimento ideológico com a "não existente Unidade do Terceiro Mundo", que tem o interesse explícito em uma "dicotomia branco-negro". A sua crítica ao "racismo negro" é tão contumaz que Arendt chega a afirmar que ele é "... provavelmente antes uma reação à agitação caótica dos últimos anos do que a sua causa" (ibidem, p.148), pois uma vez que "... a violência sempre precisa ser justificada, uma escalada da violência nas ruas pode gerar uma ideologia verdadeiramente racista para justificá-la" (ibidem).

Ao analisar o Poder Negro nos EUA, Arendt trata os seus elementos, por praticarem a violência, como criminosos, e observa que, como eles representam apenas interesses específicos que não atendem à maioria, devem ficar fora do campo da política. Se as minorias forem subjugadas, a "democracia participativa" – defendida teoricamente por Arendt – fica, a nosso ver, comprometida. Ao justificar a violência do Estado para reprimir as minorias, mostra que, quando se trata especificamente do poder do governo, se torna difícil desvinculá-lo da violência, uma vez que "... em assuntos internos, a violência funciona como o último recurso do poder contra criminosos ou rebeldes – isto é, contra indivíduos sozinhos que, de certo modo, se recusam a ser esmagados pelo consenso da maioria" (ibidem, p.128). Aqui, mais uma vez ela diferencia as "minorias rebeldes" das "minorias organizadas" não somente em números, mas também em *qualidade de opinião* (idem, 1999g, p.69-70), com o intuito de rechaçar as reivindicações e táticas das primeiras ante o poder estabelecido.

A despeito de Arendt apontar para a especificidade do poder governamental, teoricamente ela sinonimiza a violência do governo e a dos governados, sendo ambas, portanto, opostas ao poder. No entanto, enfatiza sobremaneira o caráter destrutivo da violência quando avalia os movimentos de oposição, "criminalizando" os militantes "extremistas" para pedir e justificar sua punição, enquanto, ao referir-se ao poder do governo, parece não apresentar nenhuma dificuldade em admitir a necessidade do uso da violência como "legítima defesa". Se o poder do governo estiver sendo perdido, ele apelará à violência, fato que Arendt apresenta como natural, pois, na prática, dificilmente poder e violência podem ser radicalmente separados uma vez que, do ponto de vista político, "a perda de poder traz a tentação de substituí-la pela violência" (idem, 1999d, p.131).

Quando a prática da violência passa a fazer parte da agenda estudantil e, principalmente, quando, nos Estados Unidos, os distúrbios coincidem com uma crise estreitamente ligada à descrença na ciência e no progresso, há, segundo Arendt, a possibilidade concreta de destruição tanto das universidades como do próprio movimento estudantil. Ela defende a "imparcialidade intelectual" e, portanto, a independência tanto em relação às pressões sociais quanto ao poder político. Se a universidade é a "esfera da verdade", diversamente, é a política o campo do poder. Os "estudantes revoltosos" que visam à politização da universidade, uma vez que utilizam seu espaço para uma função que não é a sua, estão contribuindo apenas para destruí-la.[15]

---

15 Marcuse, sob um ponto de vista totalmente contrário ao de Arendt, ou melhor, defendendo a "contrapolitização" da universidade, não deixa, em suas análises sobre o movimento estudantil na Alemanha, de combater a "... palavra de ordem de destruição da universidade como ação suicida" (Adorno & Marcuse, 1997, p.99).

A "esterilidade teórica"[16] e a "certeza da derrota" presentes no ME e a sua radicalização violenta diante da perda do poder e da autoridade das grandes potências justificam, segundo Arendt, a impossibilidade da revolução:

> De um lado, pode terminar em contrarrevolução e como estabelecimento de ditaduras, e de outro, pode terminar em um total anticlímax: não precisa levar necessariamente a nada. (Arendt, 1999f, p.177)

Hirschman, em *Retóricas de La Intransigencia*, mostra que, nos mais diversos sistemas de governo, ao longo de duzentos anos, são suscitados debates nos quais ideólogos "conservadores" e "renovadores" se enfrentam, e os primeiros defendem a manutenção do *status quo*, enquanto os opositores apresentam "políticas originais". As teses por ele desenvolvidas para analisar a estrutura do discurso conservador lançam luz sobre os pressupostos de Arendt ao tentar desqualificar o movimento estudantil. A "tese da inutilidade" (cf. Hirschman, 1991, p.15), que, ao pretender deixar intactas as estruturas "profundas" da sociedade, afirma que todas as tentativas de transformações sociais são nulas por sua fragilidade teórica e por serem medidas precipitadas, de "fachada" e "ilusórias" (ibidem, p.55). Arendt, utilizando-se da mesma argumentação, declara que a "pretensão revolucionária" do ME convive com a total ausência da possibilidade de sua concretização. Assim como também sua insistência de que os protestos dos anos de 1960, além de não mudar a ordem vigente, estão mais próximos de desencadear uma onda ainda maior de violências, levando ao totalitarismo, pode ser analisada a partir da "tese da perversidade" (ibidem, p.15), que parte do pressuposto de que toda ação deliberada para romper com a ordem política, social e econômica é abortiva, pois, na tentativa de impor à sociedade uma direção determinada, consegue fazê-la movimentar, só que na dire-

---

16 A acusação de esterilidade teórica do ME por Arendt está presente também em Adorno em razão do "praticismo monótono e brutal" das ações dos estudantes (cf. Adorno & Marcuse, 1997, p.96).

ção oposta à almejada, servindo apenas para exacerbar os fatores que ela deseja solucionar (ibidem, p.21-54).

É importante notar aqui que a atribuição de ações violentas à SDS (Estudantes por uma Sociedade Democrática), organização estudantil composta por estudantes brancos, mostra, a partir de um exemplo citado pela própria Arendt, que a opção por tais táticas não é inerente apenas ao Poder Negro, mas explicada também por uma questão geracional. Ela insere a radicalização dos movimentos dos anos de 1960 no contexto do pós-guerra, pois as "crianças atiradoras de bombas", à sombra da bomba atômica, não estão de modo algum "seguras de ter um futuro" (ibidem, p.105). Assim sendo, acreditam que "tudo merece ser destruído" (ibidem, p.178).

Arendt, ao reiterar que poder e violência, a seu ver, só podem ser apreendidos em sua estreita relação de contraposição, reafirma uma de suas principais teses na crítica aos movimentos de 1968 e ao ideário da nova esquerda, qual seja, a de que a violência não é a fonte do poder:

> ... A violência pode destruir o poder, mas é totalmente incapaz de criá-lo. A grande confiança de Hegel e Marx no "poder de negação" da dialética,[17] pelo qual os opostos não se destroem, mas lentamente se transformam um no outro, pois as contradições não paralisam as transformações, mas as estimulam, repousa num preconceito muito mais antigo: o mal não é nada mais que um *modus* particular do bem, o bem pode surgir do mal; em suma, o mal não é nada mais que uma manifestação temporária de um bem ainda oculto. Tais opiniões consagradas tornaram-se perigosas. São partilhadas por muitos que nunca ouviram falar de Marx ou Hegel, pelo simples fato de que elas inspiram esperança e espalham o medo − uma traiçoeira esperança usada para espalhar medo legítimo. Com isso não quero identificar violência e mal; só pretendo realçar que a violência não pode advir do seu oposto − o poder. (Arendt, 1999d, p.133)

---

17 Arendt, em *Da Revolução*, ocupa-se longamente da concepção dialética da História em Hegel e Marx, buscando mostrar as equivocadas leituras dos pressupostos desses autores pelos revolucionários dos séculos XIX e XX (cf. Arendt, 1990, p.41-4).

Dessa forma, Arendt opõe-se radicalmente à "glorificação" da violência, concebendo-a como antipolítica. Suas análises, como vimos, em cuja raiz encontra-se a experiência do totalitarismo – a inserção da violência criminosa na política –, destacam a "imprevisibilidade da ação" no mundo moderno onde os resultados incontroláveis do emprego da violência repõem permanentemente a ameaça da emergência do terror e da aniquilação da humanidade. Mas, se o imprevisível é um fato, Arendt deveria admitir não só a possibilidade da vitória das rebeliões, mas também de sua capacidade de realizar seu projeto de transformação, o que descarta totalmente. Se o pressuposto é a vulnerabilidade do mundo moderno, ela não pode afirmar, com certeza, que o resultado da prática da violência política da oposição seja um mundo mais violento. Ao colocar no fim do processo revolucionário a destruição, está predeterminando o imprevisível. Ao conceber a violência como uma arma da reforma e não da revolução, está pregando o restabelecimento do *status quo*. Nesse sentido, ela se opõe às mudanças radicais, dizendo inclusive que elas contrariam a "condição humana", uma vez que nenhuma civilização pode sobreviver sem uma "estrutura de estabilidade" permitida principalmente por um sistema legal (Arendt, 1999g, p.71).

A solução apresentada por Arendt à crise constitucional e legal vivida pelo governo dos EUA no final dos anos de 1960 deve vir de uma retomada da sua própria tradição, qual seja, "o espírito da lei norte-americana". Para tanto recupera como emblemática a história da Décima Quarta Emenda, que tem por objetivo traduzir em termos constitucionais o resultado da Guerra Civil, pois, ante a recusa dos estados sulistas em acatar a igualdade racial, a Corte Suprema age no sentido de sua imposição legal. Segundo a interpretação arendtiana, a ação da corte deve ser entendida como uma conquista dos movimentos pelos direitos civis que, "no que diz respeito às leis sulistas, eram nitidamente de desobediência civil" (ibidem, p.74). Esta última deve ser entendida como compatível com um determinado tipo de lei, ou seja, especificamente com o novo conceito de lei que surge com a Revolução Americana, pautado não em teorias, mas nas "extraordinárias" experiências dos primeiros colonos caracterizadas também por um peculiar significado do consentimento, qual seja, o apoio ativo e a participação contínua nos assuntos de interesse público. Para Arendt, os Estados Unidos são a única república capaz de combater a desobediência civil em conformidade com as leis, e, sendo assim, torna-se fundamental que se recupere esse "nicho constitucional", sem o qual há o risco frequente de rebelião, devido ao fracasso das autoridades estabelecidas em manter as "condições originais".

Nesse enfoque, a maior prova da permanência das tradições nos últimos anos da década de 1960 reside nas manifestações pacíficas em Washington promovidas pelos contestadores civis afinados com "as mais antigas tradições do país", por constituírem uma associação empenhada em unir "... em um só canal os esforços de mentes *divergentes* (Tocqueville)" (ibidem, p.86). Arendt, ao recuperar essa passagem de Tocqueville, com o intuito de retomar o "espírito das leis" norte-americanas, faz parte daqueles que "veneram" a Constituição como o pilar da mais remota e, ainda, "maior democracia política da terra" (Lazare, 1998, p.3). A interpretação feita por Daniel Lazare, em seu artigo "America the Undemocratic", sobre uma afirmação do presidente Bill Clinton em 1997, que expressa a natureza solipsista da política americana, pelo fato de defender que "o que está errado com a América" pode ser consertado pelo "que há de certo na América", ou seja, que todas as respostas estão ao seu alcance (ibidem, p.4), parece ser aplicável à defesa contundente de Arendt da necessidade de recuperar a tradição constitucional americana.

Contudo, Lazare mostra que as liberdades civis derivadas da Declaração dos Direitos são, portanto, as únicas consideradas válidas pelos americanos, e acredito poder acrescentar que também por Arendt; quando comparadas à história dos países industriais avançados europeus, são crescentemente negativas em razão da brutalidade dos EUA na guerra contra as drogas, por ser recordista em números de prisões, pela arbitrariedade da pena de morte, por ser um dos poucos países onde vigora o bipartidarismo, por ter o Senado

A VIOLÊNCIA REVOLUCIONÁRIA EM HANNAH ARENDT E HERBERT MARCUSE **165**

menos representativo do Primeiro Mundo e pelo fato de sua lei trabalhista ser um "escândalo" (ibidem, p.4-8). Como agravante, há a quase impossibilidade de alterar a Constituição – que permanece praticamente intacta por duzentos anos. A maioria desses fatos, por pertencerem à "esfera social", são praticamente inexistentes na argumentação de Arendt que, ao contrário, mostra que a solução deve ser restrita à questão política, ou seja, está na recuperação das origens da Constituição e da sua legitimidade.

Seu viés interpretativo do movimento estudantil nos anos de 1960 centra-se na esterilidade teórica fundamentalmente pelo fato de ele perder seu tempo com categorias do século XIX, mas, é bom frisar, com determinadas categorias deste século, ou seja, com o marxismo clássico. Visto que, no que diz respeito a Tocqueville, também do século XIX, notamos não apenas uma substantiva influência de sua interpretação sobre as grandes revoluções na de Arendt, sendo ele também uma referência constante e "enaltecida" na defesa do mito da liberdade na América. Enquanto a volta à origem proposta por ela reside na retomada dos artigos constitucionais escritos no século XVIII, a recuperação do espaço político deve ser buscada na tradição da Grécia antiga, a seu ver isenta de violência e nutrida pelo consenso e pela persuasão. Estão presentes aí a valorização do passado, da tradição, em detrimento de um "futuro" incerto, e a recusa da solução hegeliano-marxista que coloca no horizonte a construção do novo, a transformação da sociedade:

> A legitimidade, quando desafiada, fundamenta-se a si própria num apelo ao passado, enquanto a justificação se relaciona com um fim que existe no futuro. A violência pode ser justificada, mas nunca será legítima. Sua justificação vai perdendo em plausibilidade conforme seu fim pretendido some no futuro. (Arendt, 1999d, p.129)

Embora Arendt conceba a ação política como a ação de excelência e a identifique nas manifestações pacíficas das organizações estudantis de 1968, ela desconsidera a vontade coletiva de agir contra a ordem existente, especialmente quando há a eclosão de atos violentos. A nosso ver, podemos identificar aí a expressão de uma capacidade política ativa, e não apenas o sintoma da perda do poder pelo governo, como ela interpreta, uma vez que a violência revolucionária é vista pelos movimentos contestatórios como um instrumento de emancipação, e não como a manifestação de uma "potencialidade destrutiva".

Ao recuperarmos a leitura da conjuntura dos anos de 1960 feita por Arendt e Marcuse, encontramos duas abordagens bastante distintas. De um lado a concepção de política arendtiana, tendo como pano de fundo a análise das experiências totalitárias, em nenhum momento menciona a violência própria da sociedade capitalista, pois suas análises partem do princípio de que o poder é concebido como esfera autônoma, totalmente desvinculado da economia, calcado apenas no consenso. E, de outro, a concepção de política de Marcuse, elaborada a partir do marxismo clássico, que atrela a superação das desigualdades e das contradições da sociedade capitalista à necessidade do uso da violência "revolucionária", capaz de destruir toda violência intrínseca a essa forma de organização social. Há em seus textos uma discussão circunstanciada das revoluções modernas e seus pressupostos ligados aos ideais da Revolução Francesa lhe permitem um exame mais concreto e conjuntural dos impasses da revolução no século XX. Embora não haja um avanço teórico significativo sobre o papel da violência na história pelo esquematismo da distinção entre a violência da ordem constituída e aquela concebida como um instrumento de transformação, sua busca de uma superação dos conflitos sociais procura basear-se na emergência de novas formas de luta e de deslocamentos históricos.

Já os referenciais de Arendt são a democracia da Grécia Antiga, a qual pressupõe o trabalho escravo, e uma determinada leitura da Revolução Americana, a qual acentua a vitória a partir dos Artigos Federalistas na elaboração da Constituição que também legitima a escravidão (cf. Kramnick, 1993, p.1-87). A concepção de poder que surge aí está calcada no apoio do povo no sentido estrito de que ele confere legitimidade às instituições por meio da obediência às leis. A proposição da retomada dessas tradições em nome da manutenção da ordem existente se faz sem qualquer questionamento da vio-

A VIOLÊNCIA REVOLUCIONÁRIA EM HANNAH ARENDT E HERBERT MARCUSE **167**

lência que a constitui e sem que a questão social seja contemplada pela esfera política.

Marcuse, a partir de uma perspectiva da filosofia da história hegeliano-marxista, examina a situação do mundo contemporâneo, identificando um sistema de controles totalitários que abrangem tanto as formas de comunismo soviético quanto as sociedades capitalistas avançadas. Apresenta os dois blocos como formas de dominação antirrevolucionárias e hostis ao desenvolvimento socialista, afirmando que a liberal-democracia está sendo absorvida pela sociedade unidimensional. Apesar das dificuldades de identificar tendências revolucionárias, continua insistindo na construção do socialismo como uma meta para a política radical contemporânea. Ele não delineia um modelo de socialismo democrático, mas apresenta uma leitura dos fenômenos reais das sociedades fascistas, comunistas e capitalistas, baseando seus trabalhos tanto na análise da sociedade industrial "totalitária", quanto na dos movimentos revolucionários e de libertação que eclodem na década de 1960. Arendt, por sua vez, exclui tudo o que não esteja situado na "zona clássica" da Europa Ocidental e da América do Norte, pois seus livros escritos nesse período contêm apenas referências superficiais à China, a Cuba e ao Terceiro Mundo, enquanto, por outro lado, enaltece o mito da liberdade americana.

A concepção do fascismo de Marcuse explicita os modos pelos quais grupos de indivíduos são submetidos a uma ordem social contrária a seus próprios interesses, por meio da manipulação das elites políticas e econômicas nas sociedades industriais desenvolvidas (cf. Kellner, 1998, p.57-69). O progresso tecnológico, com a máxima eficiência na produção, opera no interesse da opressão totalitária e da escassez continuada. O "terror" passa a ser sustentado não pela força bruta, mas pela engenhosa manipulação do poder inerente à sociedade industrial avançada. Nesse sentido, a incorporação das classes exploradas ao aparato do capitalismo monopolista ocorre também, em grande medida, pela "cultura integradora", que passa a incidir em todas as esferas da vida social e individual. A análise da função simbólica da cultura de massas explicita uma situação efetiva de reificação, principalmente quando se analisa a influência dos meios de comunicação no mundo contemporâneo. Enquanto Arendt, passando ao largo dessas questões, legitima a sociedade gerida pelas leis do mercado, Marcuse atrela a possibilidade da revolução no século XX não apenas às esferas econômica, social e política, mas também à cultural, na medida em que ela deve ser pensada no âmbito da sociedade de consumo.

Considerações finais

Ao iniciarmos este livro, tínhamos como objetivo central abordar as diferentes concepções sobre a violência revolucionária nas obras de Herbert Marcuse e Hannah Arendt, na conjuntura dos anos de 1960, recuperando suas raízes teóricas. Ao longo deste estudo, procuramos mostrar a forte influência da filiação de Marcuse à tradição hegeliano-marxista para seu posicionamento político e teórico favorável à transformação social, rechaçada por Arendt que, por sua vez, defende apenas a mudança no aparato jurídico-legal, desvinculando a política do econômico e, portanto, colocando-se na esteira da interpretação liberal-conservadora das revoluções modernas. O resultado de nosso trabalho aponta para a ressonância do debate dos anos de 1960 em torno da questão "violência ou diálogo" que se apresenta hoje sob novas formas. Nestas "considerações finais" enfatizamos a retomada da atualização do marxismo clássico feita por Marcuse, principalmente no que diz respeito à necessidade da incorporação da questão social pela esfera pública, sendo que o debate intelectual contemporâneo continua influenciado pelas concepções políticas de Arendt que se aproximam das tendências neoliberais mais extremadas.

A obra de Hannah Arendt, no final da década de 1960 e início da de 1970, é pouco conhecida e citada no Brasil a não ser por um grupo de intelectuais, diplomatas e homens públicos como Celso Lafer, Marcílio Marques Moreira, José Guilherme Merquior, Hélio Jaguaribe (cf. Lafer, 2001, p.16-7). No meio acadêmico, como mostra Celso Lafer, particularmente na Universidade de São Paulo (USP), Antonio Candido, um antistalinista histórico, apresenta divergências com relação ao pensamento de Arendt, ao recusar a identificação estabelecida por ela entre nazismo e stalinismo, uma vez que para ele aquele só comporta a destruição total como alternativa para sua vitória, enquanto este pode ser modificado por dentro por ser "um projeto de passagem a uma ordem humana" (apud Lafer, 2001, p.20) [1987]. Em contrapartida, Francisco C. Weffort interessa-se pelos escritos da filósofa alemã, apontando para o

> significado de resistência intelectual da obra arendtiana para os que estavam no Brasil enfrentando os "tempos sombrios" do período autoritário. Salientava a importância do resgate arendtiano da *vita activa*; rejeitava a sua qualificação como conservadora; insistia na força de um pensamento aberto e indicava a relevância de sua contribuição para uma teoria da revolução – que era um de seus temas naquela época [1980]. (ibidem)

Não nos cabe aqui registrar todas as interpretações da produção teórica de Arendt no Brasil, mas, em primeiro lugar, mediante este pequeno leque de enfoques de seu pensamento, mostrar como ele parece repercutir positivamente entre aqueles que tomam à frente das decisões políticas neoliberais, relegando a questão social, versão incorporada até mesmo por parte da esquerda intelectual brasileira que adere acriticamente a tal pensamento. Por outro lado, notamos que a crítica aos seus pressupostos é feita apenas por aqueles poucos que, arriscando repetir as façanhas de D. Quixote, insistem em procurar alternativas às formas de pensar e agir dominantes.

Não podemos deixar de registrar a grande repercussão da obra arendtiana na reflexão filosófica, política, sociológica e historiográfica brasileira. Os sociólogos Vera da Silva Telles (1990, p.23-48) e Sérgio Adorno (1996, p.107-18) são emblemáticos da apropriação dos pressupostos arendtianos nos anos 1980 e 1990, num momento

A VIOLÊNCIA REVOLUCIONÁRIA EM HANNAH ARENDT E HERBERT MARCUSE   171

em que, segundo este último, tomam corpo novas abordagens sociológicas na perspectiva de rompimento com a tradição revolucionária, iniciadas na Segunda Guerra Mundial e consolidadas após os acontecimentos de maio de 1968 na França. "Seus principais sinais radicariam na crise dos paradigmas modernos (e, nessa medida, clássicos) que informavam o nexo entre teoria e ação política e que colocavam diferentes sociedades diante do dilema: reforma ou revolução?" (ibidem, p.108). Ele constata que há, no campo da filosofia, um esgotamento da tradição que vai de Platão a Hegel quando o papel do filósofo passa a ser o da desconstrução histórica, uma vez que a história deixa de ser o lugar "dos fatos,[1] da continuidade, da história do sujeito que se expressa na consciência de maior liberdade" (Adorno, 1996, p.115). O progressivo abandono de paradigmas como classe, consciência e ideologia leva a uma crise do pensamento social, atingindo principalmente seus grandes modelos de interpretação, o positivismo e o marxismo, que deixam de dar conta da complexidade e da multiplicidade da vida social no mundo contemporâneo. A recuperação do pensamento de Arendt configura-se, desse ponto de vista, como uma alternativa à tradição marxista, pois, ao tecer, como vimos, uma contundente crítica ao marxismo clássico, e àqueles que na sua esteira procuram interpretar as rebeliões de 1968, ela apresenta, em contrapartida, pressupostos que visam a romper com a "tradição" revolucionária, responsável por introduzir na esfera pública elementos pré-políticos, diluindo-a na luta pela necessidade, lançando "a violência no cenário público, retraindo a capacidade humana de entendimento mútuo através do diálogo e da palavra" (ibidem, p.117).[2] Notamos assim que tanto Sérgio Adorno como Telles recuperam a proposta de Arendt quanto à necessidade de uma volta à valorização do espaço público e de sua desvinculação do espaço privado, presentes na Grécia Antiga, sem qualquer alusão à sua postura liberal conservadora voltada a reservar o espaço da po-

---

1 De fato, segundo a nossa interpretação, Arendt deixa de considerar os fatos históricos o que, ao nosso ver, apenas prejudica uma análise do real.
2 Essa é uma apropriação direta dos pressupostos arendtianos por Sérgio Adorno.

lítica apenas aos livres do reino da necessidade, alijando a questão social do espaço público.

Paradoxalmente, no caso de Telles (1990, p.46), ela recupera os textos de Arendt justamente para mostrar que

> ... é preciso reconhecer que os critérios publicamente estabelecidos de reconhecimento e legitimidade contêm, em si mesmos, um princípio de discriminação que constrói a figura daqueles que, em função de sua condição de classe ou vida, de sexo ou idade, de origem ou de cor, são como que descredenciados enquanto sujeitos reconhecíveis e reconhecidos no espaço público. Trata-se daqueles que vivem sua condição como diferença que os exclui da dimensão pública da vida social. Esses, para usar os termos de Hannah Arendt, são os párias da sociedade e a eles corresponde essa figura de um indivíduo privatizado do qual ela nos fala.

A interpretação de Telles, que vê na recuperação do espaço público o lugar onde as diferenças podem ser confrontadas para a efetivação das conquistas dos Novos Movimentos Sociais, desconsidera exatamente aquilo que nos parece ser privilegiado por Arendt. Ou seja, que a exclusão da violência da esfera política está atrelada à sua leitura das grandes revoluções, quando ela rechaça a entrada das massas nesse campo de ação, responsabilizando-as pelo desencadeamento do terror. E, também que, por meio da crítica à Nova Esquerda e aos movimentos contestatórios dos anos de 1960, ela visa criminalizar os "párias" da sociedade e não reservar-lhes um espaço de legitimidade e reconhecimento.

Ao contrário do que pensam muitos daqueles que retomam o pensamento de Arendt pela importância teórica dada à ação no espaço público, a leitura que fizemos dessa análise nos indicou que a participação política em tal esfera é restringida por ela aos "livres e iguais" que devem ser protegidos da "tirania da maioria" e não aos excluídos e às minorias do sistema capitalista. O fato de ela diferenciar a esfera pública da esfera privada, ou seja, de desvincular totalmente a economia da política, corresponde à prática liberal, relegando a questão social aos sentimentos caritativos da sociedade,

A VIOLÊNCIA REVOLUCIONÁRIA EM HANNAH ARENDT E HERBERT MARCUSE **173**

enquanto a política é exercida pelos "talentosos", "inteligentes" e "afortunados" em prol da manutenção da propriedade privada, da lei e da ordem que a legitimam. Encontramos aí um "anacronismo" similar àqueles que ela imputa à Nova Esquerda, pois, de seu ponto de vista, é a procura do lucro que leva ao aperfeiçoamento dos indivíduos, sendo, portanto, o interesse individual o motor que desencadeia o progresso econômico e social. Esses mandamentos do liberalismo clássico subjazem a toda argumentação anti*welfare-state*, antikeynesiana, antiplanificadora, pela qual ela não recusa apenas o marxismo ou a economia planificada mas também, faz uma crítica dura a todo o Estado capitalista regulado, aproximando-se das tendências neoliberais mais extremadas.

Ao mesmo tempo, em seus escritos do final dos anos de 1960 e do início dos anos de 1970 a retomada da experiência da *polis* grega é corroborada em quase toda sua obra, com o intuito de rechaçar qualquer mudança da ordem social vigente em nome da necessidade natural de "estabilidade" dos homens que se mantêm à custa do trabalho escravo que os libera para o exercício da ação política. Assim, quando defende a elaboração de leis, a criação de organismos políticos seguindo a experiência da Revolução Americana, ela também está legitimando uma Constituição que institucionaliza a escravidão. É aí que está enraizada sua tentativa de qualificar como criminosos os militantes "radicais" do movimento negro nos Estados Unidos nos anos de 1960. Em nossa interpretação, ela não está defendendo aqueles que sofrem da privação dos direitos políticos e sociais, mas também o funcionamento de uma República que repudia o *demos*.

Em que medida, então, o pensamento de Hannah Arendt pode lançar luz sobre as questões de políticas sociais, se o seu pressuposto é de que a solução da questão social não passa pela esfera política? Como recuperá-lo com o intuito de preencher as lacunas "evidenciadas pelo esgotamento da tradição filosófica que vai de Platão a Hegel", se ela está pautada tanto em uma tradição da antiguidade clássica como na tradição liberal conservadora do século XIX, principalmente no que diz respeito à leitura das grandes revoluções? Se a revolução não se encontra mais na ordem do dia, como não é difícil observarmos, em que sentido um pensamento enraizado na Constituição americana, berço do liberalismo, de um Estado historicamente "genocida" e "imperialista", pode ser evocado justamente para dar conta dos desastres sociais provocados pelo neoliberalismo? Como acreditar em seu viés democrático diante da defesa de um aparato jurídico-legal que exclui os canais sociais para a efetiva concretização da liberdade e da igualdade de todos? Telles afirma que a originalidade de Arendt é a abertura da possibilidade de se pensar a política como algo que não se define exclusivamente por referência ao Estado (Telles, 1990, p.43). Ora, uma das principais críticas de Arendt à tradição marxista reside na proposição de que, com a revolução socialista, o Estado iria desaparecer, destruindo também a política eleita por ela à esfera superior do diálogo isento de conflito e de violência. Como pensar concretamente uma esfera pública em que os diversos interesses podem ser confrontados e conquistados pelo "discurso" e pela persuasão num momento em que os conflitos imperialistas, étnicos e raciais continuam responsáveis por guerras "insanas" que permanecem, inaugurando o século XXI?

O mito da liberdade na América incorporado por Arendt é colocado em xeque a todo momento pela política não apenas interna dos EUA, mediante a reinvenção das formas de segregação racial e do protecionismo econômico, mas também fora de suas fronteiras por sua política imperialista e de extermínio. Sontag (2001, p.11), analisando o ataque às torres gêmeas no dia 11 de setembro de 2001, adverte para o distanciamento do público norte-americano de uma leitura real da atuação de seu país:

> Onde está o reconhecimento de que isso não foi um ataque "covarde contra a civilização" ou "a liberdade" ou "a humanidade" ou o "mundo livre", mas um ataque contra os Estados Unidos, a autoproclamada única superpotência mundial, ataque que foi praticado em consequência de certos interesses e ações norte-americanos? Quantos cidadãos norte-americanos têm consciência do corrente bombardeio do Iraque por parte dos EUA? E, se for para usar a palavra "covarde", ela poderia ser aplicada de maneira mais adequada aos que matam fora do alcance

A VIOLÊNCIA REVOLUCIONÁRIA EM HANNAH ARENDT E HERBERT MARCUSE **175**

de retaliação, das alturas do céu, do que àqueles que se dispõem a morrer eles mesmos para matar os outros?

Podemos nos arriscar a dizer que durante o final dos anos de 1960 Arendt ia se identificar com esse público, pois, apesar de ela criticar a guerra do Vietnã, continua identificando os Estados Unidos com a imagem da "liberdade", da "humanidade", da "civilização", do "mundo livre". Ao assumir uma perspectiva que se distancia totalmente dos fatos reais, Arendt tem como intuito defender os EUA como o único país em que pode reinar a liberdade entendida no seu contraponto à violência. Ao considerar que a liberdade só pode realizar-se no espaço que lhe é próprio, na esfera política, na qual a violência inexiste, ela deixa de lado qualquer possibilidade de crítica à violência econômica presente em todas as instâncias da sociedade, legitimando a sociedade capitalista em todos os seus estágios.

Os pressupostos "reformistas" arendtianos atingem grande repercussão, hoje, no Brasil, o que talvez contribua para a retirada do debate "reforma" ou "revolução" da agenda acadêmica. A ideologia hegemônica neoliberal é inclusive sustentada por pressupostos desse tipo, que abrem mão da "tradição" e pregam o "conformismo" e o "derrotismo". Em 2000, vinte e cinco anos após a morte de Hannah Arendt, várias comunicações apresentadas no colóquio "Hannah Arendt – 25 anos depois", ocorrido em junho, na PUC-RJ, organizado pelos Departamentos de Filosofia e de História dessa instituição e da UFMG, são publicadas em uma coletânea chamada *Hannah Arendt – Diálogos, Reflexões, Memórias*. Nesse mesmo ano são publicados dois livros, *O Pensamento à Sombra da Ruptura Política e Filosofia em Hannah Arendt*, de André Duarte, e *Hannah Arendt & Karl Marx – O Mundo do Trabalho*, de Eugênia Sales Wagner. Em linhas bastante gerais, podemos dizer que este segundo defende a atualidade da argumentação arendtiana sobre a questão do trabalho, em nossa contemporaneidade, voltado a mostrar os limites das teses de Marx em torno de seu caráter emancipatório e civilizador. Sem aprofundarmos essa questão, procuramos salientar em nosso trabalho que, ao mesmo tempo em que Marx reconhece a importância dos pressupostos hegelianos que atribuem ao trabalho a ação "confirmativa do homem", chama a atenção para seu caráter negativo, "reificado", na sociedade capitalista.

Não fez parte de nosso objetivo centralizar a discussão nas divergências de Arendt e Marx em torno da questão do trabalho. Mas ela elucida a questão da violência que volta a fazer parte dos movimentos antiglobalização depois dos acontecimentos de Gênova em agosto de 2001, em que emerge novamente a oposição entre as formas democráticas de luta e as formas violentas. O assassinato de um dos manifestantes pela polícia italiana traz inevitavelmente a questão da violência para o centro do debate dessas organizações. Bernard Cassen, presidente da Attac — uma das associações mais fortes e estruturadas contra a mundialização neoliberal —, posiciona-se contrariamente ao uso da violência pelos manifestantes, na medida em que abre espaço para que a mídia desloque o aspecto político dos protestos, ressaltando apenas sua repercussão sensacionalista. Defende, assim, a luta pacífica, embora, ao mesmo tempo, denuncie a violência da polícia, a seu ver, sem precedentes num país democrático como a Itália. A análise de Cassen, segundo a qual a "violência econômica" é inerente à mundialização liberal, devendo ser enfrentada no âmbito das instituições legais, e não por ações diretas de massa, mostra a atualidade da questão social e do debate em torno dos meios políticos para sua solução.

Voltamos, então, à questão dos pressupostos de Arendt como solução para a realidade atual do desemprego, segundo a análise de Wagner. Em primeiro lugar, é preciso mostrar que não faz parte das argumentações de Arendt a esfera econômica da sociedade, que se encontra, hoje, mundialmente "agressiva". Em segundo lugar a violência é por ela atribuída aos movimentos de protesto, que revidam à violência policial, e não ao sistema capitalista. E, por fim, no que tange à esfera pública, a filósofa alemã desconsidera qualquer possibilidade de que ela se responsabilize pelo atendimento das "necessidades essenciais da população". Em contraste com o ideário de Arendt, a questão social é trazida para o centro da esfera política pela tradição hegeliano-marxista. Agora que começam a se abrir as

A VIOLÊNCIA REVOLUCIONÁRIA EM HANNAH ARENDT E HERBERT MARCUSE **177**

primeiras fendas na ideologia hegemônica neoliberal, parece ser oportuno que Marcuse seja de novo reproposto ao leitor brasileiro, no sentido de combater "o pensamento unidimensional" que parece impregnar, também hoje, os meios acadêmicos em que a "crise do socialismo" teve seu correlato no desinteresse crescente pelo pensamento marxista. A perda de interesse pela cultura socialista e revolucionária atingiu também a obra de Herbert Marcuse, um dos autores mais lidos em todo o mundo, no final dos anos de 1960, até mesmo no Brasil. Esse "esquecimento" não parece acidental, especialmente no período em que o "pensamento único" imposto pelo conservadorismo neoliberal alcançava uma dimensão hegemônica. A sua crítica coloca em xeque a "produtividade", valor supremo em nossos tempos de mundialização do capital.

Esse "esquecimento" talvez se explique também pela peculiaridade do espaço ocupado por Marcuse na Escola de Frankfurt, sendo ele um dos únicos integrantes do grupo a levar adiante o projeto da teoria crítica dos anos de 1930, visando a politizar sua teoria e ligar a teoria à prática. Em contraste, Horkheimer e Adorno abandonam a política radical dos anos de 1940 e procuram encobrir as raízes marxistas do Instituto de Pesquisa Social, no contexto da Guerra Fria, barrando os projetos considerados "políticos" e "marxistas" demais. Podemos identificar essas divergências entre Adorno e Marcuse durante as rebeliões estudantis de 1968, momento em que, para este último, a teoria tinha que se politizar mediante o apoio inequívoco ao ME, à luta pela libertação dos países neocoloniais e do combate ao imperialismo americano, sobretudo no Vietnã. Já Adorno, identificando traços fascistas no protesto dos estudantes na Alemanha que "ocupam" o Instituto, chega a chamar a polícia para dispersá-los. Marcuse, ao contrário, afirma serem os estudantes cada vez mais importantes no processo de produção e, portanto, fazem realmente parte da vanguarda de uma luta emancipatória, acreditando, ao mesmo tempo, dentro do horizonte teórico marxista, que a revolta tem sua principal origem na exploração econômica sofrida pelas classes trabalhadoras.

Marcuse não abandona a crença iluminista de que a satisfação das potencialidades e das necessidades humanas faz parte da realização da história, sendo uma questão de "desenvolvimento consciente", voltado para um "futuro inconquistado da humanidade", opondo-se, assim, ao pensamento filosófico "pós-moderno" que parece defender que "a história não é mais o lugar dos fatos, da continuidade, da história do sujeito que se expressa na consciência de maior liberdade" (Adorno, 1996, p.115). A hipótese de uma civilização não repressiva deve surgir a partir da constatação de que o desenvolvimento da agressividade não é inerente à luta pela existência, mas fundamentalmente à organização social calcada na dominação e na distribuição hierárquica da escassez a ser superada pela luta emancipatória. No entanto, a análise dos seus textos ao longo do livro indicou que a proposta socialista de Marcuse deixa sem respostas algumas indagações: se todos os indivíduos estão com suas consciências manipuladas na sociedade industrial avançada, como trabalhar com a diferença de classes sociais, ou com as categorias de agressor e agredido? Não são "todos" agredidos pela manipulação de seus desejos e potencialidades? Como lidar, nesse contexto, com a questão da estratificação de classes e com os interesses de alguns em detrimento do interesse geral?

Emergem, assim, duas hipóteses contraditórias: a primeira é a de que a sociedade industrial avançada não permite nenhuma ruptura, e a segunda a que aposta na possibilidade de que surjam tendências capazes de fazer explodir a sociedade capitalista. A busca constante de Marcuse pelos veículos da revolução esbarra o tempo todo na relação entre racionalidade e instinto, vanguarda e massa. Ele enfatiza que "o relâmpago do pensamento" que vem "de fora", do protesto intelectual e estudantil nos países adiantados, nos anos de 1960, torna-se fundamental à luta dos povos "atrasados", e a possibilidade da transgressão da ordem vigente encontra-se na dependência dessa união. A construção de uma "sociedade livre" é, portanto, uma questão de razão, de um "processo racional em liberdade", em que deve haver a distinção entre "falsas" e "verdadeiras" necessidades, como juízos de valores. Decorrem daí novos questionamentos: quem pode definir quais são as reais necessidades dos indivíduos? A razão? Quem são os indivíduos portadores da razão? A razão é capaz

A VIOLÊNCIA REVOLUCIONÁRIA EM HANNAH ARENDT E HERBERT MARCUSE **179**

de convencer todos aqueles que tiram proveito das benesses do sistema, da necessidade de um novo princípio de realidade?

A sua interpretação da tecnologia lança luz a essas indagações, pois, não a rechaçando por princípio, Marcuse também a atrela ao uso racional, acreditando assim na possibilidade de sua apropriação como um instrumento emancipatório − por meio da abolição do trabalho alienado −, ao contrário da racionalidade instrumental calcada no controle e na dominação social. Contudo, a possibilidade de uma sociedade organizada em torno do tempo livre, hoje, parece estar distante daquela vislumbrada por Marcuse, na esteira da tradição marxista, em que todos pudessem participar da administração das questões coletivas e dos frutos da sociedade da abundância. Pois, sob a "ditadura da racionalidade empresarial", o tempo livre parece existir apenas na forma do desemprego. É instigante a resposta dada por Marcuse a Habermas sobre a possibilidade ou não da estabilização do capitalismo tardio:

> A questão é − e nela reside, em minha opinião, o autêntico elemento de prova da teoria de Marx −: até quando durará a estabilização do capitalismo tardio? As contradições internas realmente se agravarão, sejam elas de qualquer natureza − e eu não acredito que sejam apenas aquelas que Marx formulou −, ou conseguirá o capitalismo em um breve prazo fortalecer-se sobre a base de um imperialismo econômico e político reforçado, contando talvez inclusive com a China e a URSS como mercados? Se isto ocorrer, então os dominadores poderão dormir tranquilamente outros cem anos. Em tal caso não haverá revolução. (Habermas, 1980, p.79)

A segunda possibilidade apontada por Marcuse se efetiva no cenário mundial. Vivenciamos, hoje, a situação de um capitalismo "reforçado" que conta com a China e a extinta URSS como mercados. A mundialização do capitalismo consolida-se mediante a exclusão violenta das grandes maiorias pobres da terra neste início de século. Se Arendt e Marcuse concordam que a liberdade está para além do reino da necessidade, as suas justificativas são totalmente opostas. Para ela, os "livres" continuam dependendo daqueles que devem permanecer nessa esfera, enquanto Marcuse trabalha no sentido de que "todos" sejam dela libertos. Acreditamos que recuperar a tradição hegeliano-marxista e a sua atualização constante, como faz Marcuse, é uma forma de manter vivo o debate acadêmico na contracorrente do neoliberalismo. Se os veículos da transformação social não passam mais pela via revolucionária, isso não significa que a violência deixou de existir no panorama econômico-político, não sendo ela, portanto, inerente à participação das massas na política, como argumenta Arendt. Elas estão, pelo contrário, cada vez mais privadas do exercício da cidadania, encontrando-se aquém do reino da necessidade responsável por suprir as carências materiais do dia a dia.

Tanto a argumentação de Marcuse como a de Arendt deixam a desejar no que tange às raízes filosóficas da violência revolucionária por estarem centradas na resposta violência ou não violência. Arendt, ao escrever sobre a banalização do mal, acaba sendo parte do próprio objeto que ela tematiza, uma vez que tece uma análise bastante reducionista da questão da violência, que é um tema permanente do ser humano. Talvez essa "pasteurização" filosófica feita por Arendt e a importância dada a sua obra por seus interlocutores, na atualidade, estejam em compasso com a crise das ciências da modernidade, que acaba levando a uma desconsideração dos paradigmas clássicos. A insistência de Arendt na "caducidade" das categorias marxistas do século XIX para a análise da questão social não se sustenta. No caso de Marcuse, sua adesão aos movimentos de protesto nos anos de 1960 e à necessidade da violência revolucionária para a transformação da ordem vigente permite que a solução da questão social continue no centro do debate político por meio da abordagem dos dilemas da "paralisia da crítica", da "reconciliação da oposição", da "derrota lógica do protesto", da "contenção da transformação social", da "integração da classe trabalhadora". Mesmo prevendo a iminência do mundo se tornar o material amorfo da "administração total", continua envolvido com a retomada das teorias anticapitalistas do século XIX e de sua atualização para, não apenas, acreditamos, entender o contexto social, mas principalmente verificar se essa análise lhe permite continuar vislumbrando um futuro "outro".

REFERÊNCIAS BIBLIOGRÁFICAS

ADORNO, Theodor, MARCUSE, Herbert. As últimas cartas. *Revista Praga – estudos marxistas*, n.3, 1997.

ADORNO, Sérgio. O social em uma era de incertezas. In: *Dinâmicas multiculturais*: novas faces, novos olhares (Atas das sessões plenárias do III Congresso Luso-afro-brasileiro de Ciências Sociais). Lisboa: Instituto de Ciências. Universidade de Lisboa, 1996.

ARENDT, Hannah. *Entre o passado e o futuro*. São Paulo: Perspectiva, 1972a.

_____. A tradição e a época moderna. In: _____. *Entre o passado e o futuro*. São Paulo: Perspectiva, 1972b.

_____. O conceito de História – Antiga e Moderna. In: _____. *Entre o passado e o futuro*. São Paulo: Perspectiva, 1972c.

_____. *Da Revolução*. 2.ed. São Paulo: Ed. UnB/Ática, 1990.

_____. *A condição humana*. 6.ed. Rio de Janeiro: Forense Universitária, 1993.

_____. *Sobre a violência*. Rio de Janeiro: Relume Dumará, 1994.

_____. *Homens em tempos sombrios*. 1.reimpr. São Paulo: Companhia das Letras, 1998a.

_____. *Origens do totalitarismo*: antissemitismo, imperialismo, totalitarismo. 3.reimpr. São Paulo: Companhia das Letras, 1998b.

_____. *A condição humana*. 9.ed. Rio de Janeiro: Forense Universitária, 1999a.

ARENDT, Hannah. *Crises da República*. 2.ed. São Paulo: Perspectiva, 1999b.
_____. *O que é política?* Fragmentos das obras póstumas compilados por Ursula Ludz. 2.ed. Rio de Janeiro: Bertrand Brasil, 1999c.
_____. Da violência. In: _____. *Crises da República*. 2.ed. São Paulo: Perspectiva, 1999d.
_____. A mentira na política – considerações sobre os documentos do Pentágono. In: _____. *Crises da República*. 2.ed. São Paulo: Perspectiva, 1999e.
_____. Reflexões sobre política e revolução. In: _____. *Crises da República*. 2.ed. São Paulo: Perspectiva, 1999f.
_____. Desobediência civil. In: _____. *Crises da República*. 2.ed. São Paulo: Perspectiva, 1999g.
_____. *Entre o passado e o futuro*. 5.ed. São Paulo: Perspectiva, 2001a.
_____. *Crises da República*. 5.ed. São Paulo: Perspectiva, 2001b.
ARON, Raymond. *As etapas do pensamento sociológico*. 2.ed. São Paulo: Martins Fontes/Ed. UnB, 1987.
BARBU, Zevedei. Apresentação. In: TOCQUEVILLE, Alexis de. *O antigo regime e a Revolução*. 4.ed. Brasília: Ed. UnB, 1997.
BOBBIO, Norberto. *Estudos sobre Hegel: direito, sociedade civil, Estado*. São Paulo: Ed. UNESP / Brasiliense, 1989.
_____. *Teoria geral da política*: a filosofia política e as lições dos clássicos. Rio de Janeiro: Campus, 2000.
BOTTOMORE, T. B. Prefácio. In: MARX, Karl. *Manuscritos econômico-filosóficos*. Lisboa: Edições 70, 1975.
BURKE, Edmund. *Reflections on the Revolution in France*. New York: Penguin Books, 1968.
_____. *Reflexões sobre a Revolução Francesa*. Brasília: Ed. UnB, 1982.
CARDOSO, Irene de Arruda Ribeiro. Os acontecimentos de 1968: notas para uma interpretação. In: SANTOS, Maria Cecília Loschiavo dos (Org.). *Maria Antônia, uma rua na contramão*. São Paulo: Nobel, 1988.
_____. A dimensão trágica de 68. *Revista Teoria e debate*; n.22, p.59-64, 1993.
_____. *Para uma crítica do presente*. São Paulo: Ed. 34. 2001.

CAVALCANTE, Berenice. Hannah Arendt em companhia de historiadores. In: MORAES, E. J., BIGNOTTO, N. *Hannah Arendt*: diálogos, reflexões, memórias. Belo Horizonte: Ed. UFMG, 2001.

CHE GUEVARA, Ernesto. *De moto pela América do Sul*: diário de viagem. São Paulo: Sá, 2001.

COELHO, Cláudio Novaes Pinto. *Os movimentos libertários em questão*: a política e a cultura nas memórias de Fernando Gabeira. Petrópolis: Vozes, 1987.

_____. *A transformação social em questão*: as práticas sociais alternativas durante o regime militar. São Paulo, 1990. Tese (Doutorado) – Faculdade de Filosofia, Letras e Ciências Humanas, Universidade de São Paulo. (Mimograf.)

DEUTSCHER, Isaac. Sobre o conflito judeu-árabe: entrevista à New Left Review. *Teoria e prática*, n.3, 1968.

DRUCKER, Claudia. O destino da tradição revolucionária: autoincompreensão ou impossibilidade ontológica? In: MORAES, E. J., BIGNOTTO, N. *Hannah Arendt*: diálogos, reflexões, memórias. Belo Horizonte: Ed. UFMG, 2001.

DUARTE, André. Poder e violência no pensamento político de Hannah Arendt. In: ARENDT, Hannah. *Sobre a violência*. Rio de Janeiro: Relume Dumará, 1994.

DUNN, John. *La agonía del pensamiento político occidental*. New York: Cambridge, 1996.

ENGELS, Friedrich. Introdução a *As lutas de classes na França de 1848 a 1850*. In: ENGELS, Friedrich, MARX, Karl. *Obras escolhidas*. São Paulo: Alfa-Omega, s.d.a. v.1.

_____. Introdução a *A guerra civil na França*. In: ENGELS, Friedrich, MARX, Karl. *Obras escolhidas*. São Paulo: Alfa-Omega, s.d.b. v.1.

_____. *Anti-Duhring*. Rio de Janeiro: Paz e Terra, 1990.

ETTINGER, Elizabeta. *Hannah Arendt – Martin Heidegger*. Rio de Janeiro: Jorge Zahar, 1996.

FANON, Franz. *Os condenados da Terra*. Rio de Janeiro: Civilização Brasileira, 1979.

FERRY, Luc, RENAUT, Alain. *Pensamento 68*. São Paulo: Ensaio, 1988.

FINK, Carole, GASSERT, Philipp, JUNKER, Detlef (Orgs.). *1968: The World Transformed*. USA: Cambridge, 1998.

FOUCAULT, Michel. *Em defesa da sociedade*. São Paulo: Martins Fontes, 2000.

FRANCO, Maria Sylvia Carvalho. All The Work Was America. *Revista USP – Dossiê liberalismo/neoliberalismo*. n.17, mar./abr./ maio 1993.

FREUD, Sigmund. *Além do princípio de prazer*. Rio de Janeiro: Imago Editora, 1950.

_____. *O futuro de uma ilusão*. Rio de Janeiro: Imago Editora, 1974a.

_____. *O mal-estar na civilização*. Rio de Janeiro: Imago Editora, 1974b.

FURET, François. Prefácio. In: TOCQUEVILLE, Alexis de. *A democracia na América*. São Paulo: Martins Fontes, 1998.

GARCIA, Marco Aurélio, VIEIRA, Maria Alice (Orgs.). *Rebeldes e contestadores – 1968*: Brasil, França e Alemanha. São Paulo: Perseu Abramo, 2001.

GERASSI, John. *Jean-Paul Sartre*: consciência odiada de seu século. Rio de Janeiro: Jorge Zahar, 1990. v.1.

GIDDENS, Anthony. *O Estado-Nação e a violência*. São Paulo: Edusp, 2001.

GITLIN, Todd. *The Sixties – Years of Hope, Days of Rage*. The New York Times Book Review. USA: Bantam Books, 1993.

GOYAURD-FABRE, Simone. *Os princípios filosóficos do direito político moderno*. São Paulo: Martins Fontes, 1999.

HABERMAS, Jürgen. *Conversaciones con Herbert Marcuse*. Barcelona: Gedisa, 1980.

_____. O conceito de poder em Hannah Arendt. In: _____. *Sociologia*. São Paulo: Ática, 1993.

HAMILTON, Alexander, JAY, John, MADISON, James. *Os artigos federalistas –1787-1788*. Rio de Janeiro: Nova Fronteira, 1993.

HEGEL, G. W. F. *Enciclopédia das ciências filosóficas*: em compêndio (1830). I – A ciência da lógica. São Paulo: Loyola, 1995a.

_____. *Filosofia da história*. Brasília: Ed. UnE, 1995b.

_____. *Enciclopédia das ciências filosóficas*: em compêndio (1830). III – A filosofia do espírito. São Paulo: Loyola, 1995c.

HEGEL, G. W. F. *Enciclopédia das ciências filosóficas*: em compêndio (1830). II − Filosofia da natureza. São Paulo: Loyola, 1997a.

_____. *Lecciones sobre la Historia de Ia Filosofia III*. 6.reimpr. México: Fondo de Cultura Económica, 1997b.

_____. *Princípios da Filosofia do Direito*. São Paulo: Martins Fontes, 1997c.

_____. *Escritos de Juventud*. 3. reimpr. México: Fondo de Cultura Económica, 1998.

_____. *Fenomenologia do Espírito* − Parte I. 5.ed. Petrópolis: Vozes, 2000.

_____. *Fenomenologia do Espírito* − Parte II. 5.ed. Petrópolis: Vozes, 2001.

HEIDEGGER, Martin. *Ser e tempo* − Parte I. 7.ed. Petrópolis: Vozes, 1998a.

_____. *Ser e tempo* − Parte II. 6.ed. Petrópolis: Vozes, 1998b.

HIRSCHMAN, Albert O. *Retóricas de la Intransigencia*. México: Fonda de Cultura Económica, 1991.

HOBSBAWM, E. J. *Revolucionários*. 2.ed. Rio de Janeiro: Paz e Terra, 1985.

_____. *Era dos extremos*: o breve século XX − 1914-1991. São Paulo: Companhia das Letras, 1995.

ISSERMAN, Maurice. *If I Had a Hammer − The Death of the Old Left and the Birth of the New Left*. New York: Illinois Books, 1993.

ISSERMAN, Maurice, KAZIN, Michael. *America Divided − The Civil War of the 1960s*. New York: Oxford, 2000.

JAY, M. *La Imaginación Dialéctica*. Madrid: Taurus, 1974.

KELLNER, Douglas. *Herbert Marcuse and The Crisis of Marxism*. Berkeley. Los Angeles: University of California Press, 1984.

_____. (Ed.) Introdução. In: MARCUSE, Herbert. *Tecnologia, guerra e fascismo*: coletânea de artigos de Herbert Marcuse. São Paulo: Ed. UNESP, 1998.

KRAMNICK, Isaac. Apresentação. In: HAMILTON, Alexander, JAY, John, MADISON, James. *Os artigos federalistas − 1787-1788*. Rio de Janeiro: Nova Fronteira, 1993.

KUNZ, Diane B. The American Economic Consequences of 1968. In: FINK, Carole, GASSERT, Philipp, JUNKER, Detlef (Orgs.). *1968*: The World Transformed. USA: Cambridge, 1998.

LAFER, Celso. *A reconstrução dos Direitos Humanos*: um diálogo com o pensamento de Hannah Arendt. São Paulo: Companhia das Letras, 1988.

_____. Prefácio. In: ARENDT, Hannah. *Sobre a violência*. Rio de Janeiro: Relume Dumará, 1994.

_____. Reflexões de um antigo aluno de Hannah Arendt sobre o conteúdo, a recepção e o legado de sua obra, no 25° aniversário de sua morte. In: BIGNOTTO, Newton, MORAES, Eduardo J. (Orgs.). *Hannah Arendt*: diálogos, reflexões, memórias. Belo Horizonte: Ed. UFMG, 2001.

LAZARE, Daniel. America the Undemocratic. *New Left Review*, n.232, nov./ dez. 1998.

LEBRUN, Gérard. *O avesso da dialética*: Hegel à luz de Nietzsche. São Paulo: Companhia das Letras, 1988.

LÊNIN, V. I. *Que fazer?* 2.ed. Lisboa: Edições Avante, 1978.

_____. *O Estado e a Revolução*. São Paulo: Hucitec, 1987. (Pensamento socialista).

LOCKE, John. *Segundo tratado sobre o governo*. São Paulo: Abril Cultural, 1983. (Os pensadores).

LOSURDO, Domenico. Marx, a tradição liberal e a construção histórica do conceito universal de homem. *Educação e sociedade*, ano XVII, n.57, dez. 1996. (Especial).

_____. *Hegel, Marx e a tradição liberal*. São Paulo: Ed. UNESP, 1997.

LOUREIRO, Isabel Maria. Herbert Marcuse: a relação entre teoria e prática. In: LOUREIRO, I. M., MUSSE, Ricardo (Orgs.). *Capítulos do marxismo ocidental*. São Paulo: Ed. UNESP/FAPESP, 1998.

_____ (Org.). *Herbert Marcuse: a grande recusa hoje*. Petrópolis: Vozes, 1999.

LOUREIRO, Isabel, MUSSE, Ricardo (Orgs.). *Capítulos do marxismo ocidental*. São Paulo: Ed. UNESP /FAPESP, 1998.

LUDZ, Ursula. *Arent Hannah e Martin Heidegger*: correspondência 1925-1975. Rio de Janeiro: Relume Dumará, 2001.

LUXEMBURG, Rosa. *O Estado burguês e a Revolução*. Lisboa: Edições Antídoto, 1979.

MANDUCA, Paulo César Souza. *As relações Brasil-África do Sul*. Campinas, 1995. Dissertação (Mestrado) — Instituto de Filosofia e Ciências Humanas, Universidade de Campinas. (Mimeograf.).

MARCUSE, Herbert. Prefácio político de 1966. In: _____. *Eros e civilização*: uma interpretação filosófica do pensamento de Freud. 8.ed. Guanabara: Koogan, s.d.a

_____. *Eros e civilização*: uma interpretação filosófica do pensamento de Freud. 8.ed. Guanabara: Koogan, s.d.b

_____. *A ideologia da sociedade industrial*. Rio de Janeiro: Jorge Zahar, 1967.

_____. *One Dimensional Man*. London: Sphere, 1968a.

_____. Finalidades, formas e perspectivas da oposição estudantil nos Estados Unidos. *Revista Civilização Brasileira*, ano IV, n.21 e 22, set./dez. 1968b.

_____. Liberdade e agressão na sociedade tecnológica. *Revista Civilização Brasileira*, ano III, n.18, mar./abr. 1968c.

_____. *O fim da utopia*, Rio de Janeiro: Paz e Terra, 1969.

_____. Tolerância repressiva (1965). In: WOLFF, R. P., MOORE JR., B., MARCUSE, H. *Crítica da tolerância pura*. Rio de Janeiro: Jorge Zahar, 1970.

_____. *Marx y El Trabajo Alienado*. Buenos Aires: Ediciones CEPE, 1972.

_____. *A ideologia da sociedade industrial*. 6.ed. Rio de Janeiro: Jorge Zahar, 1978.

_____. *Contrarrevolução e revolta*. Rio de Janeiro: Jorge Zahar, 1981.

_____. *El marxismo soviético*. Madrid: Alianza Editorial, 1984.

_____. *Cultura e sociedade*. Rio de Janeiro: Paz e Terra, 1988a.

_____. *Razão e revolução*. 4.ed. Rio de Janeiro: Paz e Terra, 1988b.

_____. Algumas implicações sociais da tecnologia moderna. *Praga – revista de estudos marxistas*, n.1, jul. 1997.

_____. Ética e revolução. In: _____. *Cultura e sociedade*. Rio de Janeiro: Paz e Terra, 1998a. v.1.

_____. 33 Teses. In: _____. *Tecnologia, guerra e fascismo*: coletânea de artigos de Herbert Marcuse. São Paulo: Ed. UNESP, 1998b.

_____. Entrevista: a revolução em 1969. In: LOUREIRO, Isabel Maria. *Herbert Marcuse*: a grande recusa hoje. Petrópolis: Vozes, 1999a.

_____. Entrevista – Pela Frente Única das Esquerdas. In: LOUREIRO, Isabel Maria. Herbert Marcuse: a grande recusa hoje. Petrópolis: Vozes, 1999b.

MARCUSE, Herbert. Herbert Marcuse fala aos estudantes. In: LOUREIRO, Isabel Maria. *Herbert Marcuse*: a grande recusa hoje. Petrópolis: Vozes, 1999c.

_____. Perspectivas do socialismo na sociedade industrial avançada: uma contribuição ao debate. In: LOUREIRO, Isabel Maria. *Herbert Marcuse*: a grande recusa hoje. Petrópolis: Vozes, 1999d.

MARCUSE, Herbert, NEUMANN, Franz. Uma história da doutrina da mudança social. In: MARCUSE, Herbert. *Tecnologia, guerra e fascismo*: coletânea de artigos de Herbert Marcuse. São Paulo: Ed. UNESP, 1998a.

_____. Teorias da mudança social. In: MARCUSE, Herbert. *Tecnologia, guerra e fascismo*: coletânea de artigos de Herbert Marcuse. São Paulo: Ed. UNESP, 1998b.

MARTINS FILHO, João Roberto. *Movimento estudantil e a ditadura militar: 1964-1968*. Campinas: Papirus, 1987.

MARX, Karl. O 18 brumário de Luís Bonaparte. In: ENGELS, Friedrich, MARX, Karl. *Obras escolhidas*. São Paulo: Alfa-Omega, s.d.a. v.1

_____. *Crítica da Filosofia do Direito de Hegel*. 2.ed. Lisboa: Editorial Presença, s.d.b.

_____. Crítica do programa de Gotha. In: ENGELS, Friedrich, MARX, Karl. *Obras escolhidas*. São Paulo: Alfa-Omega, s.d.c v.1.

_____. A guerra civil na França. In: ENGELS, Friedrich, MARX, Karl. *Obras escolhidas*. São Paulo: Alfa-Omega, s.d.d. v.1.

_____. As lutas de classes na França de 1848 a 1850. In: ENGELS, Friedrich, MARX, Karl. *Obras escolhidas*. São Paulo: Alfa-Omega, s.d.e. v.1.

_____. *Miséria da Filosofia*: resposta à filosofia da miséria do Sr. Proudhon. São Paulo: Livraria Exposição do Livro, s.d.f.

_____. *O capital*: crítica da economia política. Rio de Janeiro: Civilização Brasileira, s.d.g. liv.I, v.I, III.

_____. *Grundrisse*. London: Penguin Books, 1973.

_____. Contribuição à crítica da Filosofia do Direito de Hegel. In: _____. *Manuscritos Econômico-Filosóficos*. Lisboa: Edições 70, 1975a.

_____. A questão judaica. In: _____. *Manuscritos Econômico-Filosóficos*. Lisboa: Edições 70, 1975b.

MARX, Karl. Terceiro manuscrito: propriedade privada e trabalho. In: _____. *Manuscritos Económico-Filosóficos*. Lisboa: Edições 70, 1975c.

_____. Segundo manuscrito: a relação da propriedade privada. In: _____. *Manuscritos Económico-Filosóficos*. Lisboa: Edições 70, 1975d.

_____. O trabalho alienado. In: _____. *Manuscritos Económico-Filosóficos*. Lisboa: Edições 70, 1975e.

_____. A crítica da Dialética e da Filosofia de Hegel. In: _____. *Manuscritos Económico-Filosóficos*. Lisboa: Edições 70, 1975f.

_____. *O capital*. São Paulo: Nova Cultural, 1985. tomo 1 e 2, v.1.

_____. *El Capital*. t. III, v.8. 7.ed. México: Siglo XXI, 1991.

_____. *El Capital*. t. II, v.5. 13.ed. México: Siglo XXI, 1992a.

_____. *El Capital*. t. I, v.3. 15.ed. México: Siglo XXI, 1992b.

_____. *El Capital*. t. III, v.7. 10.ed. México: Siglo XXI, 1992c.

_____. *El Capital*. t. III, v.6, 11.ed. México: Siglo XXI, 1993.

_____. *El Capital*. t. I, v.1, 20.ed. México: Siglo XXI, 1994a.

_____. *El Capital*. t. I, v.2, 17.ed. México: Siglo XXI, 1994b.

_____. *El Capital*. t. I, v.4, 15.ed. México: Siglo XXI, 1995.

_____. *O 18 brumário e cartas a Kugelmann*. 6.ed. Rio de Janeiro: Paz e Terra, 1997.

MARX, Karl, ENGELS, Friedrich. *Obras escolhidas*. São Paulo: Alfa-Omega, s.d. v.1-2-3.

_____. *Engels – Escritos de Juventud*, 2.ed. México: Fondo de Cultura Económica, 1981. (Colección Obras Fundamentales de Marx y Engels).

_____. *Marx-Engels – Los Grandes Fundamentos II*, 4.ed. México: Fondo de Cultura Económica, 1988. (Colección Obras Fundamentales de Marx y Engels).

_____. *Marx-Engels – Las Revoluciones de 1848*, 5.ed. México: Fondo de Cultura Económica, 1989. (Colección Obras Fundamentales de Marx y Engels).

_____. *Manifesto comunista*. São Paulo: Boitempo, 1998a.

_____. *Manifesto do Partido Comunista*. In: REIS FILHO, Daniel Aarão. *O Manifesto Comunista 150 anos depois*. São Paulo: Perseu Abramo/Contraponto, 1998b.

MATOS, Olgária C. F. Matos. *Paris 1968*: as barricadas do desejo. São Paulo: Brasiliense, 1981. (Tudo é história).

McCARTHY, Eugene J. A militarização da América. *Revista Civilização Brasileira*, ano IV, n.21 e 22, set./dez. 1968.

MILL, John Stuart. *A liberdade/utilitarismo*. São Paulo: Martins Fontes, 2000.

_____. *Capítulos sobre o socialismo*. São Paulo: Perseu Abramo, 2001.

MILLER, James. *Democracy is in The Streets*. New York: Simon and Schuster, 1987.

MORAES, João Quartim de (Org.). *História do marxismo no Brasil*. Campinas: Ed. Unicamp, 1998. vol.III: Teorias. Interpretações.

O'BRIEN, Connor Cruise. Apresentação. In: BURKE, Edmund. *Reflexões sobre a Revolução Francesa*. Brasília: Ed. UnB, 1982.

PETRAS, James. República Dominicana: revolução e restauração. *Teoria e Prática*, n.1, 1967.

PIOZZI, Patrizia. *Natureza e artefacto: a ordem anárquica* – Algumas considerações sobre a gênese da ideia socialista libertária. São Paulo, 1991. Tese (Doutorado) – Faculdade de Filosofia, Letras e Ciências Humanas, Universidade de São Paulo. (Mimeograf.).

REIS FILHO, Daniel Aarão. O Manifesto e a revolução em 1848. In: _____. *O Manifesto Comunista 150 anos depois*. São Paulo: Perseu Abramo/Contraponto, 1998.

REIS FILHO, Daniel Aarão, MORAES, Pedro. *1968, a paixão de uma utopia*. 2.ed. Rio de Janeiro: Fundação Getúlio Vargas, 1998. (1.ed. 1988).

ROMANO, Roberto. *Hegel e a guerra*. (Texto apresentado no Núcleo de Estudos Estratégicos da Unicamp), s.d. (Mimeograf.).

_____. *Corpo e cristal*: Marx romântico. Rio de Janeiro: Guanabara, 1985.

SADER, Emir. *Contra corrente*: melhor da New Left Review em 2000. Rio de Janeiro/São Paulo: Record, 2001.

SAINT-PIERRE, Héctor Luis. *A política armada*: fundamentos da guerra revolucionária. São Paulo: Ed. UNESP, 1999.

SARTRE, J. P. O genocídio. *Revista Civilização Brasileira*, ano IV, n.17, jan./fev., 1968.

_____. Prefácio. In: FANON, Franz. *Os condenados da Terra*. Rio de Janeiro: Civilização Brasileira, 1979.

SARTRE, J. P. *Em defesa dos intelectuais*. São Paulo: Ática, 1994.

_____. *O ser e o nada*. 6.ed. Petrópolis: Vozes, 1998.

SEWELL JR., William H. *Work and Revolution in France* – The Language of Labor from the Old Regime to 1848. New York: Cambridge, 1995.

SKINNER, Quentin. *As fundações do pensamento político moderno*. 2. reimpr. São Paulo: Companhia das Letras, 2000.

SMITH, Adam. *Teoria dos sentimentos morais*. São Paulo: Martins Fontes, 1999.

SONTAG, Suzan. O cálculo da dor. *Folha de S. Paulo*, 23 set. 2001. Mais!

SOREL, Georges. *Reflexões sobre a violência*. São Paulo: Martins Fontes, 1992.

TELLES, Vera da Silva. *Espaço público e espaço privado na constituição do social*: notas sobre o pensamento de Hannah Arendt. Tempo social. Rev. sociol. V.2, p.23-48, 1º sem. 1990.

TOCQUEVILLE, Alexis de. *Lembranças de 1848*: as jornadas revolucionárias em Paris. São Paulo: Companhia das Letras, 1991.

_____. *O antigo regime e a Revolução*. 4.ed. Brasília: Ed. UnB, 1997.

_____. *A democracia na América*: leis e costumes. São Paulo: Martins Fontes, 1998.

_____. *A democracia na América*: sentimentos e opiniões. São Paulo: Martins Fontes, 2000.

TROTSKY, Leon. *A revolução permanente*. Lisboa: Antídoto, s.d.

_____. *Moral e Revolução: nossa moral e a deles*. 2.ed. Rio de Janeiro: Paz e Terra, 1978.

_____. *A história da Revolução Russa*. 3.ed. Rio de Janeiro: Paz e Terra, 1980a. v.1.

_____. *A história da Revolução Russa*: A tentativa da contrarrevolução. 3.ed. Rio de Janeiro: Paz e Terra, 1980b. v.2.

_____. *A história da Revolução Russa*: O triunfo dos sovietes. 3.ed. Rio de Janeiro: Paz e Terra, 1980c. v.3.

VALLE, M. R. *O diálogo é a violência*: movimento estudantil e ditadura militar no Brasil. Campinas: Ed. Unicamp, 1999.

VV.AA. *História do marxismo no Brasil*. São Paulo: Paz e Terra, 1991. v.1 – O impacto das revoluções.

WAGNER, Eugênia Salles. *Hannah Arendt e Karl Marx*: o mundo do trabalho. São Paulo: Ateliê Editorial, 2000.

SOBRE O LIVRO

Formato: 14 x 21 cm
Mancha: 23,7 x 42,5 paicas
Tipologia: Horley Old Style 10,5/14
Papel: Offset 75 g/m² (miolo)
Cartão Supremo 250 g/m² (capa)
1ª edição: 2006

EQUIPE DE REALIZAÇÃO
Coordenação Geral
Sidnei Simonelli

Produção Gráfica
Anderson Nobara

Edição de Texto
Monica Elaine Glasser Santi (Preparação de Original)
Patrizia Zagni e
Viviane Oshima (Revisão)
Oitava Rima Prod. Editorial (Atualização Ortográfica)

Editoração Eletrônica
Oitava Rima Prod. Editorial